잊을 수 없는 이름들

인천의 투사들, 항일을 기치로 식민의 거리를 누비다

잊을 수 없는 이름들

인천의 투사들, 항일을 기치로 식민의 거리를 누비다

역사의 길 03

김락기

글누림

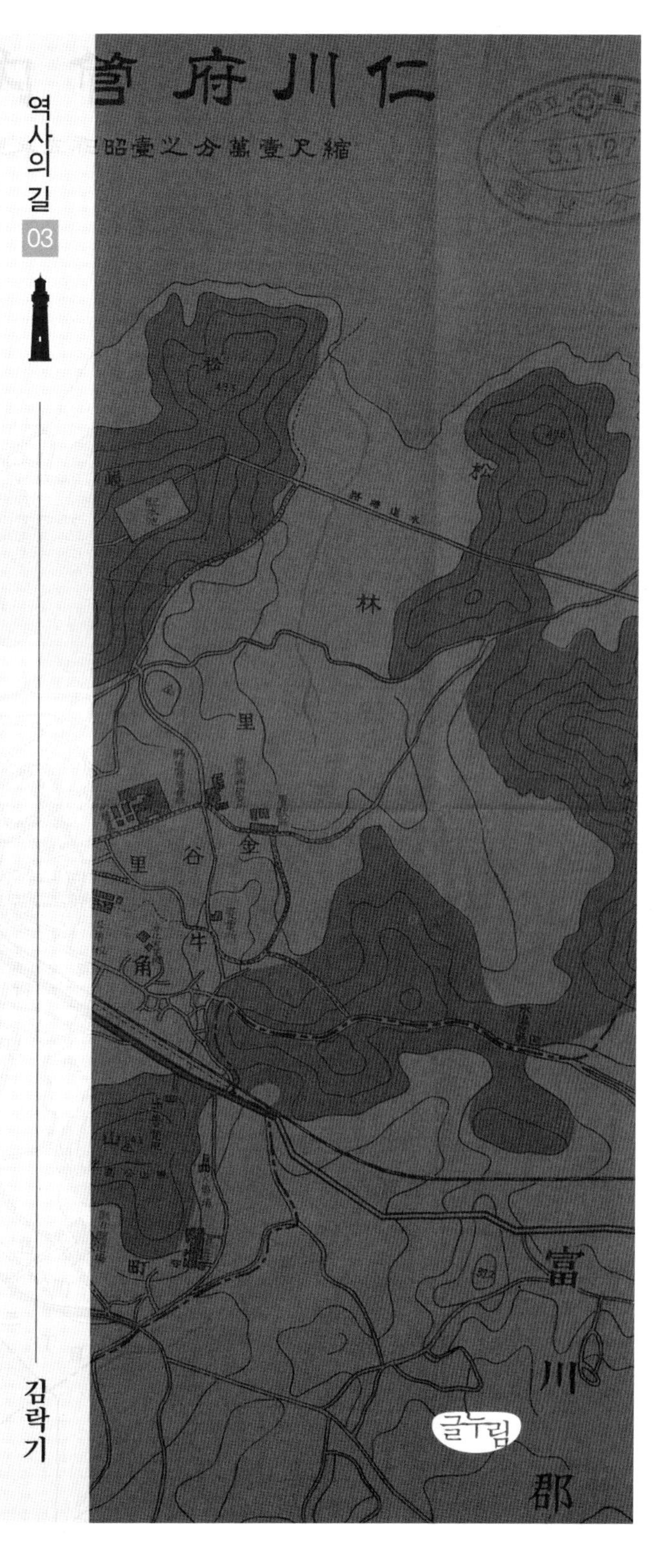

prologue

시작은 가벼운 마음이었다. 3·1운동 100주년, 임시정부 수립 100주년을 맞이하며 시민들께 알릴만한 게 없을까 하는 마음으로 이리저리 찾다 보니 국사편찬위원회 한국사데이터베이스의 〈일제감시대상인물카드〉가 눈에 들어왔다. '인천'이란 키워드로 검색해보니 이름만 들었던 김명진 지사의 얼굴이 나왔다. 잇따라 내 아이보다도 어린 임갑득 지사의 앳된 얼굴이 말로 표현하기 어려운 뭉클함으로 다가왔다.

각종 자료에 활자로만 전해지던 이름 없는 지사들의 수인복 입은 사진이 계속 나왔다. 체포 당시 인천에 거주했던 분들을 추려보니 대략 90여 명이었다. 그중에서 항일운동과 관련된 분들로 범위를 좁혀 다시 정리하니 70여 명의 목록이 됐다.

그분들의 이름으로 다시 자료를 찾아보니 일제 경찰의 보고문서, 재판기록, 신문기사 등등이 쏟아져 나왔다. 조사를 시작할 때인 2018년 12월의 가벼운 마음은 어느새 사라지고 무거운 부담감

이 머리를 지배했다.

보름이면 될 줄 알았던 기초 조사는 두 달 가까이 되어서야 겨우 끝이 났다. 그러나 끝이 제대로 된 끝맺음이 아니었다. 시원함보다 아쉬움이 더 컸고, 알게 된 행적을 그대로 묻어두기엔 울림이 너무 컸다. 우리는 너무 몰랐다. 무엇보다 한 사람, 한 사람의 얼굴이 머릿속을 떠나지 않았다.

일제의 경찰문서부터 시작해서 다시 조사에 나섰다. 조사를 하면 할수록 행적이 뚜렷해졌고, 그이들의 활동과 노력, 실패와 고난도 구체화되었다. 그리고 그이들 사이의 관계도 점차 명료해져 갔다. 이렇게 파악한 내용을 2019년 7월 8일부터 11월 18일까지 모두 열 번 〈인천투데이〉에 연재했다. 이 글은 이때 연재한 내용을 바탕 삼아 대폭적으로 보완한 것이다.

1930년대에 들어선 이후 인천의 항일투사 상당수는 사회주의 사상을 바탕으로 활동했다. 일본제국주의의 정책에 따라 큰 공장들이 들어서고 사람들이 모여들었으니 이해의 핵심은 노동자의 생존권과 권리였고 사회주의 계열의 활동가들이 자연스럽게 '일제 타도', '생존권 쟁취'를 구호로 항일의 길에 나선 것이다. 이점은 자료를 찾고 또 찾으면서도 늘 고민했던 문제다. 한때는 인천 출신의 저명한 항일투사였으나 월북하여 조선민주주의인민공화국의 고위직을 지내고, 게다가 6·25전쟁 때는 이북 점령하의 서울에서 인민위원장을 지낸 이승엽 같은 경우가 대표적이다.

그러나 몇몇 연구자들 외에는 이름조차 몰랐던 수많은 항일투사들, 해방 후의 행적이 잘 드러나지 않는 이들까지 사회주의 사상을 가졌다는 이유로 잊어버려야 하는 걸까라는 의문은 지워지지 않았다. 역사 연구의 큰 흐름이 '사실'의 규명과 '인식'의 변화로 이루어진다는 점에서 '사실'은 결코 사라지는 것이 아니기 때문이다. 고심 끝에 1945년 해방 이전의 항일운동에 초점을 두고 활동가들의 행적을 소개하는 것은 '사실'의 확인이란 점에서 의미가 있다고 판단했다.

다른 고민 하나는 사실 확인의 기초가 주로 일제 경찰과 법원에서 작성한 문서라는 점이다. 물론 당시 신문기사 등과 연구 자료를 참고하려 노력했지만, 신문기사조차도 사실관계의 기본은 경찰이나 법원의 발표라는 점에서 큰 차이가 없다. 일제 경찰만 취조 과정 등에서 기만술을 쓴 게 아니라 항일투사들도 동지와 조직을 보호하고, 운동을 이어가기 위해 기만술을 썼다. 한 일도 안 했다고 했고, 안 한 일도 했다고 했다. 따라서 일제 경찰과 법원의 문서 기록을 모두 백 퍼센트 사실로 간주하면 비록 작은 부분에서라도 실제와 다른 결론을 낼 가능성이 있다. 어쩌면 일제강점기 항일운동 연구에서 숙명처럼 지고 가야 할 짐인지 모른다. 최대한 다른 방증자료를 찾으려 노력하면서도, 뒷날 해당 인물과 사건에 대한 전문가의 연구가 혹시 있을지 모르는 오류를 바로잡아 주길 기대할 수밖에 없다.

자료를 찾아 나가면서 보니 인천에는 지역 출신 인물과 관련한 성과가 꽤 여럿 있었다. 이미 오래전에 나온 고일 선생의 《인천석금》(1955), 신태범 선생의 《인천한세기》(1996)는 물론 조우성 선생의 《인천이야기 100장면》(2004), 경인일보 특별취재팀에서 발로 뛰어 만든 《인천인물 100인》(2009), 인천고등학교 총동창회에서 펴낸 《개교 123주년 인천고 인물사》 등이 대표적이다. 또 인천 골목지킴이로 활약하고 있는 이성진 선생도 필자와 거의 같은 방법으로 사회주의 계열의 항일운동가를 발굴하여 인천의 여러 언론에 소개하고 있다.

많다면 많고, 적다면 적은 위의 성과가 이 글을 작성하는 데 길잡이가 되었다. 처음 소개하는 인물도 물론 많지만, 자료를 찾아 행적을 쫓는 방식은 전적으로 인천에서 먼저 노력해 온 분들의 성과에 기댄 것이다. 혹 위의 자료를 인용하는 과정에서 불비한 점이 있다면 전적으로 필자의 책임임을 밝혀둔다.

〈일제감시대상인물카드〉의 조사, 정리부터 이 책을 내기까지 인천 안팎의 많은 분들로부터 과분한 격려와 관심을 받았다. 무엇보다 대한민국 국사편찬위원회에 감사드린다. 국사편찬위원회에서 꾸준히 쌓아온 한국사데이터베이스가 없었다면, 이 책은 쓸 수 없었다. 〈일제감시대상인물카드〉뿐만 아니라 〈경성지방법원 검사국 문서〉 등 이 책에서 각 인물의 행적을 쫓는 기초자료는 국사편찬위원회의 자료에서 비롯되었기 때문이다. 대한민국 국가보훈처

의 공훈전자사료관과 국가기록원의 독립운동 관련 판결문, 독립기념관의 한국독립운동정보시스템, 국립중앙도서관의 대한민국 신문아카이브 등도 소중한 안내자였다. 정부 관계기관의 자료 수집과 정리가 어찌 보면 당연하다 할 수 있지만, 활용하는 입장에서는 그 수고로움과 이용의 편리함에 감사드리지 않을 수 없다.

인천문화재단 최병국 대표이사님은 인천사람의 항일투쟁을 널리 소개해야 한다는 뜻으로 '역사의 길' 총서로 출판을 허락해 주셨다. 동문수학한 〈인천투데이〉 박길상 사장님은 귀중한 지면을 내어주어 게으른 필자가 한사람, 한 사람의 행적을 정리해 나갈 수 있게 도와주셨다.

보완해 나가야 할 점 투성이인 이 책이 '평범한 사람들의 평범하지 않은 일상'이 만들어 낸 일제강점기 인천인의 고투(苦鬪)를 이해하는 작은 길잡이라도 되었으면 하는 바람이다.

난잡한 원고를 깔끔하게 정리해 준 글누림 출판사 편집부 관계자들께 머리 숙여 감사드리며, 이제는 소년티를 완연히 벗고 청년기에 들어선 두 아이, 남우(南雨)와 남주(南周)가 고향 인천에 조금 더 관심을 갖는 청년으로 성장하길 바라는 마음이 한켠에 있다는 점도 전하고 싶다.

2019년 11월

김락기 씀

차례

3·1운동에서 1930년대를 연결하는 시간으로서
1920년대는 의미가 작지 않음에도
항일을 표방한 활동이 상대적으로 적은 것은
여러 갈래에서 생각할 거리를 준다.
인천에서는 '인천청맹'이 바로 그 시간을 메우는 역할을 한 것이 아닐까?

1장

청년이 든 항일의 기치 :

고희선
유두희
조준상

'역사의 큰 수레바퀴는 대중의 조직적 단결과 충실 건전한 투쟁의 위력으로써 급변케 하니 우리는 이 위대한 법칙에 따라 우리 운동이 조직적 통일로부터 합리적 승리의 끝을 바라고 급진함을 본다. 우리는 이 진화원칙에 입각한 필요적 도정의 요구가 방향전환과 아울러 운동선의 확대 및 통일 내지 공고를 당면에 급박하나니 우리는 이곳에 있어서 분거분립인 봉건적『재래상태』로부터 맹성하여『주의를 위하여서는 기계가 되자』는 새로운 경지에 비약하지 아니하면 안된다. 그러므로 우리는 순판묵수(楯板墨守)인『절개주의』를 불사르고 두걸음 더 나아가 동일목표하에 한뭉치가 되어 양의 확대와 질의 순화를 기하려 한다. 이 요구의 실현의 제1보로 우리는 인천에 있는 비지역별이며 비직업별인《제물포》,《병인》,《무산》3청년단체로 하여금 각각 완전한 해체를 시키고 따라서 곧 이 새로운 인천청년동맹을 창립케 한 것이다'. 한문투의 문장을 요즘 표현으로 약간 바꾼 이 문구는 1927년 1월 21일 〈중외일보(中外日報)〉에 실린 인천청년동맹의 창립선언이다.

"세 단체 해산 즉시 인천청년동맹 성립"이란 기사 제목처럼 '제물포청년회', '병인(丙寅)청년회', '무산(無産)청년동맹'의 세 단체가 해산하고 하나로 뭉치기로 했다. 일제 경찰의 집회금지로 창립은 서면으로 진행했다.

집행위원 명단도 발표되었는데, 여기에 〈일제감시대상인물카드〉에 나오는 인물들이 포함되어 있다. 서무의 유두희(劉斗熙), 교무의 고일(高逸), 검사위원 조준상(曺埈常)이다. 서면(書面) 창립으로부터 두 달 가까이 시간이 흐른 1927년 3월 17일에 애관(愛館)에서 발회식(發會式)을 성대히 개최했다. 유두희가 사회를 보았고 고일은 임시의장으로서 회의를 진행했으며, 이희영(李熙榮), 고일, 조준상, 김성규(金聖圭), 이창문(李昌文), 고익상(高翊祥), 김덕진(金德鎭), 박성원(朴聖源), 진해룡(陳海龍), 김창배(金昌培), 박수

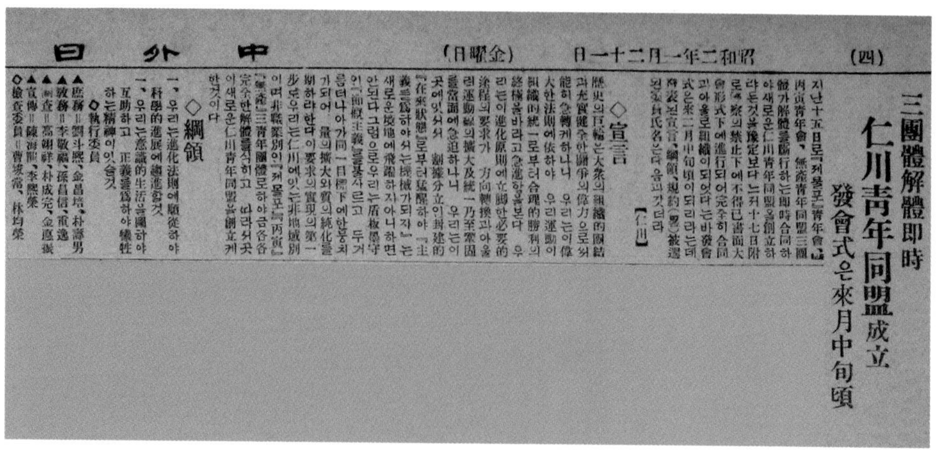
中外日報 (四) 昭和二年一月二十一日(金曜日)

三團體解體即時 仁川靑年同盟成立
發會式은來月中旬頃

지난十五日로써『제물포』靑年會、丙寅靑年會、無産靑年同盟三團體가解體를斷行하는同時合同하야새로운仁川靑年同盟을創立하랴든것을豫定보다느저十七日附로警察의禁止下에不得已書面大會形式下에進行되어完全히合同되야새로組織이되엇다는바發會式은來二月中旬頃이되리라는데發表된宣言、綱領、規約(略)被選된委員氏名은다음과갓더라【仁川】

◇宣言

歷史의巨輪은大衆의組織的團結과充實健全한鬪爭의偉力으로써能히急轉케하나니 우리는이偉大한法則에依하야 우리運動이組織的統一로부터合理的勝利의終極을바라고急進함을본다 우리는이進化原則에立脚한必要的途程의要求가 方向轉換과아울러運動線의擴大及統一乃至鞏固를當面에急迫하나니 우리는이곳에잇서서 割據分立인封建的『作來狀態』로부터猛醒하야『主義를爲하야서는犧牲가되자』는새로운境地에飛躍하자아니하면안된다 그럼으로우리는盾板을인『□□主義』를불사르고 두거름더나아가同一目標下에한뭉치가되어 量의擴大와質의純化를期하라한다 이要求의實現의第一步로우리는仁川에잇는非地域別이며非職業別인『제물포』『丙寅』『無産』三靑年團體로하야금各各完全한解體를식히고 따라서곳이새로운仁川靑年同盟을創立케한것이다

◇綱領

一、우리는進化法則에順從하야科學的進展에邁進할것
一、우리는意識的生活을圖하야互助하고 正義를爲하야犧牲하는精神이잇슬것

◇執行委員
▲庶務＝劉斗熙、金昌培、朴壽男
▲敎務＝李敬稿、孫昌信、高逸
▲調査＝高翊祥、朴成完、金德鎭
▲宣傳＝陳海龍、李熙榮
◇檢査委員＝曺埈常、林均榮

▲ 인천청년동맹 창립기사(〈중외일보〉1927년 1월 21일)

남(朴壽男), 손창신(孫昌新)을 위원으로 선출하여 운영방침을 일임했으며 함께 영화를 관람하고 산회했다.[01]

집행위원 중 한 명인 김성규 역시 〈일제감시대상인물카드〉가 있고, 손창신은 3·1운동 당시 인천공립보통학교 학생으로서 전화선 절단으로 널리 알려진 김명진(金明辰) 지사와 함께 재판을 받은 인물이다. 최종 판결이 무죄여서 어느 정도 만세운동에 참여했는지는 알 수 없지만, 3·1운동 당시 16세 소년에서 20대 중반이 된 1927년에 당당히 인천청년동맹의 주요 구성원으로 활약하게 되었으니 그 의지가 단순하지 않아 보인다.

'인천청맹(仁川靑盟)'이란 약칭으로 불린 이 단체의 활동 중 특기할 만한 것이 1929년 4월 28일 개최한 청맹 산하 각반 대항 야

하고各保任者의審査報告와賞品授與式을한後來賓祝辭와總代河賓鉉氏答辭가잇는다음宴席으로옴겻다는데種別과受賞者는如左하다더라【成歡】

一、苗代立毛品評會受賞者
河賓鉉外二十六名
一、水稻立毛品評會受賞者
河喆源外二十六名
一、桑園品評會受賞者
河宗鐸外十八名
一、各區模範優良組長受賞者
河宗巾外六名

仁川靑年同盟
各班對抗野球

仁川靑年同盟各班對抗野球試合을한다함은旣報한바와갓거니와豫定과가티去月廿八日午前九時부터仁川山根町公設運動場에서靑年同盟各班野球試合이벌어젓는데連日陰鬱하든天氣도快晴하얏고兼하야休日이엇슴으로觀衆이早朝부터雲集하야그廣闊한運動場은人山을成하얏스며競技가進行됨에따하各班選手의妙技는觀衆의歡呼를博하야稀有의大盛況裡에競技를終了하얏는데當日試合成績은如左하다더라【仁川】

◇一回戰
外里―內里 一五對九外里勝
◇二回戰
花平里―松峴里七對六花平勝
龍里―栗柳 五對一栗柳勝
新花水里松林里十對四新花勝
外里―金平 十對五外里勝
◇三回戰
花平里―栗柳 九對六栗柳勝
新花水里―外里七對三外里勝
◇決勝戰
外里―花平里一回戰에日暮하야優勝旗를平等히享有하기로하고終幕하얏다

東高生마라손

東萊高等普通學校에서는該校開校紀念日인去月廿四日에例年과如히在學生十哩마라손競走를擧行한바參加員이四百名에達하야大盛況을呈하얏다하며今年의成績은如左하다더라【東萊】

一着、金興壽六十六分十一秒五分之四
二着、金弘久 六十九分四十秒
三着、朴點壽 七十一分三十秒

▲ 인천청년동맹 각반 야구대회 기사(〈동아일보〉1929년 5월 2일)

구대회다. 현재의 제물포고등학교 자리인 공설운동장에서 열린 대회에 외리, 내리, 화평리, 송현리, 용리, 율목리·유정 연합팀, 신화수리, 송림리, 금곡리·우각리 연합팀 등 모두 아홉팀이 참가했다.[02]

'…연일 어둡고 흐리던 날씨도 쾌청했고 겸하여 휴일이었으므로 관중이 아침 일찍부터 운집하여 사람들로 산을 이루었으며 경기가 진행됨에 따라 각반 선수의 묘기는 관중의 환호를 불러 보기드문 대성황리에 경기를 종료하였는데…'라고 현장 분위기를 전한다.

자유공원이 있는 응봉산 자락의 널찍한 분지에 자리잡은 운동장 주변 능선마다 사람들로 가득 찬 광경과 관중이 경기를 보며 지르는 소리가 들리는 듯하다. 일제 당국의 감시와 탄압이 계속되는 상황에서 회원들의 결속을 다지고, 시민의 관심을 이끌어 내면서 단체의 존재감과 목표를 과시하려 했던 합법적 테두리의 활동으로 추정된다.

이렇게 보면 특정 사상에 치우쳐 은밀하게 활동하는 비밀조직이 아니라 대중 속에서, 대중과 함께 호흡하는 조직을 지향했음이 틀림없다. 그렇다고 해서 청맹 구성원들의 의지가 나약한 것은 아니었다.

《인천석금(仁川昔今)》의 저자로 잘 알려진 고일은 활발한 활동을 증명하듯 〈일제감시대상인물카드〉에 3장의 카드가 있다. 여

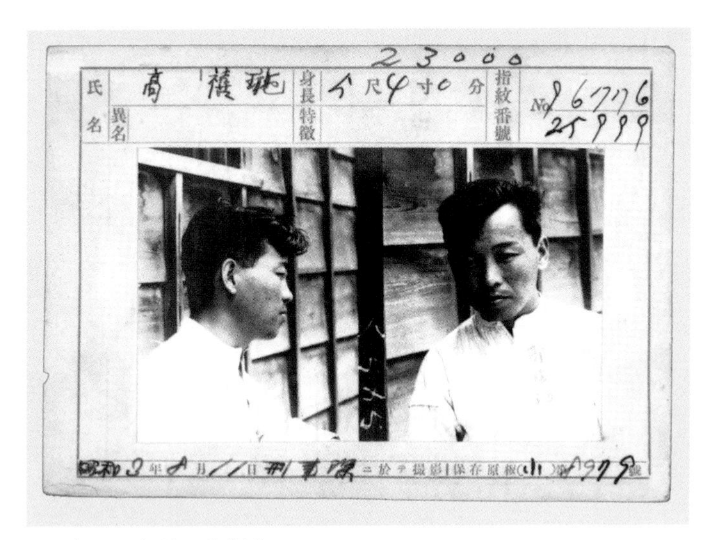

▲ 고일(1928년 8월 11일 촬영)

기에 따르면 본적지, 출생지, 거주지가 모두 인천부 외리(外里) 16번지라 하였으나, 스스로 남긴 기록에는 서울 마포강을 조망하는 산언덕에서 태어나 부친이 22세 때인 1903년 9월경 인천으로 이사하면서 강보에 싸인 채 인천에 오게 되었다고 한다. 희선(羲璇)은 1919년에 작명가가 지어준 것으로 주민등록과 호적상의 이름인데 양정고보 졸업 후 사회활동을 하면서는 '일(逸)'로 통용되어 계속 그렇게 썼다고 하며, 어린 시절 이름은 창덕(昌德)이었다고 한다.[03]

1903년 음력 5월 6일생으로, 키는 163cm가량이며, 인천에서는 잘 알려진 인물이라 행적이 비교적 선명하다.[04] "광복 후 선생은 잠시 '인천부(仁川府)'의 촉탁으로 있던 일을 뉘우치면서 인천 지역 사회에 진 빚을 갚기로 했다. 그것은 임영균(林榮均)이 발행한 '주간인천'에 몸을 담아 다시 언론 활동을 펼치는 것이었다. 그 갚음의 하나로 탄생한 것이 개항 초기부터 60년대 초까지의 인천 사회상을 옛날 이야기하듯 구수하게 엮어낸 향토 이야기 '인천석금'이었다."[05]

그 《인천석금》에서 "만보산사건의 재만동포 옹호동맹을 통한 재인화교와의 교섭, 친화, 그리고 신간회 운동을 통한 민족단일당 운동 등 후일 즉 1932년 7월 드디어 북만으로 망명적인 만유(漫遊)를 하다 1938년 부모와 처자를 버릴 수 없어 귀국, 요시찰인으로 출입왕래가 부자유하니 호신책으로 여러 친지동지의 권유로 인천부 촉탁으로 있다가 해방을 보게 된 것이다"[06]라고 하여 스스로 인천부 촉탁으로 근무했음을 고백했다.

인천에 돌아온 직후로 생각되는 1938년 3월에는 그달 28일에 인천청년단연합회가 인천공회당에서 개최하는 시국강연회에 군사연맹 부회장 향정(向井), 경성지방법원 인천지청 검사 대국(大國)과 함께 연사로 결정되었다고 한다.[07]

스스로 "장년기를 무능비굴하게 보냈으니 30년의 시간을 상실했다"[08]고 고백했을 정도로 이런 일이 마음의 짐이 되었던 듯하다. 하지만 중일전쟁 이후 일제의 강화된 감시와 탄압으로 사실상 공개적인 항일운동이 거의 불가능해진 당시 상황에서 볼 때 거꾸로

▲ 고일(1930년 6월 18일 촬영)

▲ 고일(1932년 4월 5일 촬영)

고일의 양심을 더 잘 보여주는 사례라고 할 수도 있다. 해방 이후 반민족행위자 특별조사위원회에 출석한 일제강점기 고등경찰 등 대부분의 반민족 행위자가 뻔뻔스럽게 자신의 죄과를 부인하고 모르쇠로 일관하는 모습과는 확실히 대비된다. 그 이전의 치열한 항일운동과 그로 인한 고초는 말할 것도 없다.

고일이 남겨놓은 《인천석금》은 일제강점기 인천의 사회상을 알려주는 보배다. 《인천석금》을 쓰게 된 계기가 주간인천의 주필이 된 것이고, 주간인천의 대표가 임영균이란 점도 예사롭지 않다. 임영균이 바로 1919년 3·1운동 당시 인천부의 상가철시 운동에 앞장서 징역6월을 살았던 당시 15세의 소년 임갑득이기 때문이다. 백부(伯父)의 양자가 되어 '영균'으로 개명한 임갑득은 출소 이후 학업을 계속해 경성치과의학전문학교를 졸업하고 인천에서 치과를 개업한 인물이다.[09]

1939년 5월에는 인천부의회 의원 선거에 지역 유지의 추천으로 출마해 당선되기도 했다.[10] 불과 한 살 차이의 동년배로서 두 사람 사이에 동병상련의 마음이 없지 않았을 것이다. 그만큼 삶의 현장으로서 당시 인천을 바라볼 때는 여러 가지

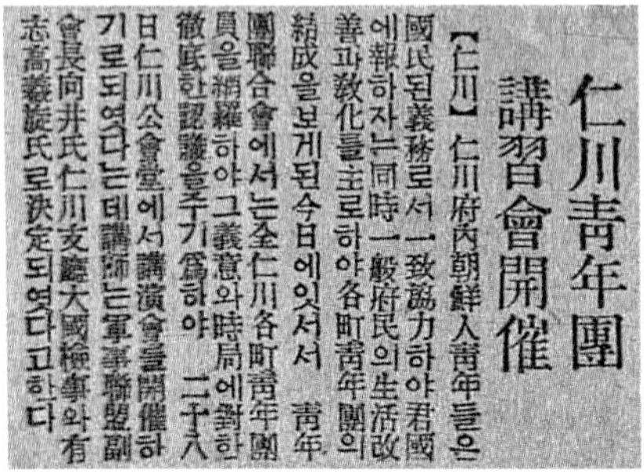

仁川靑年團
講習會開催

【仁川】 仁川府內朝鮮人靑年들은國民된義務로서一致爲力하야君國에報하자는同時一般府民의生活改善과敎化를主로하야各町靑年團의結成을보게된今日에잇서서 靑年團聯合會에서는全仁川各町靑年團員을網羅하야그義意와時局에對한徹底한認識을주기爲하야 二十八日仁川公會堂에서講演會를開催하기로되엿다는데講師는軍事聯盟副會長向井氏仁川支廳大國檢事와有志高義旋氏로決定되엿다고한다

▲ 인천청년회 강습회 개최 기사
(〈매일신보〉 1938년 3월 1일)

仁川府會議員候補者

林榮均君 (림영균)

同君은仁川府政에參畫의適任者로推薦함

丁大賢
河相勳
崔炳斗
金奎煥
高珠澈

◀ (좌) 임갑득(1919년 4월 촬영 추정)
(우) 인천부의회 후보자 임영균(임갑득)
(〈매일신보〉1939년 5월 19일)

측면에서 신중해질 필요가 있다. 고일의 삶은 치열했고 솔직했다. 그리고 그 곁에 동지들이 있었다. 유두희와 조준상을 빼놓고 고일을 이야기하기 어렵다.

"인천의 계급투사 유두희씨는 이제 바야흐로 진정한 해방을 맞이하는 조선에 있어 앞으로 3천만의 기쁨을 같이 맛보지 못하고 애석하게도 영면하고 말았다. 13일 오전 10시에 화방정 자택에는 인천 각 노동조합 간부와 고인의 친우, 동지들이 다수 참집하여 동지장을 엄숙히 거행하였는데, 씨의 생전 약력은 다음과 같다. 1901년 12월 24일 강화에서 출생, 인천영화학교 졸업, 동경에서 고학하다가 귀선, 19세부터 소년운동지도, 한편 한용청년회, 제물포청년회 등을 결성하여 청년운동에 열성, 1925년 이래로 인천 무산청년동맹을 비롯하여 각 지역 청년회를 결성 지도, 노동조합, 농민조합을 조직, 그리고 인천 최초의 공산당 및 공산청년동맹원으로 지하운동에 심혈을 경주, 중외일보 기자와 무산자신문 지국

嗚呼동무여웨먼저갓느냐

劉斗熙氏의同志葬

葬儀委員長의弔詞哀切

昨報 仁川의階級鬪士劉斗熙氏는 이제바야흐로眞正한解放을마지하는朝鮮에있서 앞으로三千萬의집봄을 갈치맛보지못하고 哀惜하게또永민하고말앗다 十三日午前十時에花房町自宅에는仁川各勞働組合幹部와故人의親友同志들이多數參集히야同志葬을嚴肅히擧行하였는데氏의生前略歷은다음과같다

一九〇一年十二月二十四日江華에서出生 仁川永化學校卒業、東京에서苦學하다가歸鮮十九歲부터少年運動指導、한편漢勇青年會、제물포青年會等을結成하야青年運動에熱誠、一九二五年以來로仁川無産青年同盟을비롯하야各地城青年會를結成指導、勞働組合、農民組合을組織그리고仁川最初의共産黨及共産青年同盟員으로地下運動에心血을傾注中外日報記者와無産者新聞支局長等으로言論指導、朝鮮勞農同盟、京畿道青年聯盟의中央執行委員으로活躍타가 一九二九年五月第二次朝鮮共産黨事件으로被檢되야 豫審三年 體刑五年의前後八年間獄中生活에 得病하얏슴에不拘하고 出監後 繼續活動中 所謂大東亞戰爭以來氣땍키는彈壓아래 饑餓와固疾로 極度의生活難과 惡戰苦鬪하다가드대여永민하고말은것이다 享年四十五歲 遺族으로夫人金氏와長男大寬君靈姬玉草、敏子의一男三女가있다

▲ 유두희 부고 기사
(〈대중일보〉1945년 11월 14일)

장등으로 언론지도, 조선노농동맹, 경기도청년연맹의 중앙집행위원으로 활약하다가 1929년 5월 제2차 조선공산당 사건으로 피검되어 예심 3년, 체형 5년의 전후 8년간 옥중생활에 병을 얻었음에도 불구하고 출감 후 계속 활동 중 소위 대동아전쟁 이래 기막히는 탄압 아래 기아와 고질로 극도의 생활난과 악전고투하다가 드디어 영면하고 만 것이다. 향년 45세. (…하략…)"[11]

한 사람의 생애가 짧은 이 부고 기사에 녹아 있다. 고난 속에 조선독립과 힘없는 사람들의 앞에서 일생을 걸었던, 치열한 한 사람의 생애가 눈앞에 그려진다. 누가 쓰더라도 이렇게 간결하면서도 명확하게 표현하긴 어렵다. 인천에서 주목하지 않으면 안 되는 인물 유두희다.

경인일보에서 《인천인물 100선》을 통해 소개했고,[12] 3·1운동 100주년을 맞은 2019년 연중기획 [독립운동과 인천] 시리즈 중 인천의 대표적 독립운동가로 소개해[13] 어느 정도 알려진 인물이다.

1928년과 1930년에 작성된 〈일제감시대상인물카드〉에는 본

적과 출생지가 인천부 화정(花町) 1정목(丁目) 88, 주소는 인천부 우각리(牛角里) 27번지이고 키는 170cm가량이며, 직업은 정미소 직공이라 했다. 하지만 부고 기사에서 강화 출생이라 했으니, 그게 더 사실에 가까울 것이다. 1901년 12월 24일생이라는 것은 같다.

강화 출생이라는 기사를 뒷받침하듯 [그림]처럼 1909년에 강화 보창학교 1학년으로 우등상을 받은 한 명으로 이름이 나온다.[14] 강화 보창학교는 이동휘(李東輝)가 세운 육영학당을 잇는 학교로 교명은 고종 황제가 직접 지어 주었으며, 영친왕(英親王)이 현판을 써 줄 정도로 안팎의 관심을 받았던 곳이다. 당시 보창학교 교장 유경근(劉景根)은 감리교 신자로 이동휘와 의형제를 맺을 정도로 친밀했으며, 강화의 3·1 만세운동의 지도자로 활약한 인물이었다.[15] 유두희과 같은 성씨인 것으로 보아 같은 집안 어른이었을 가능성도 생각해 볼 수 있다.

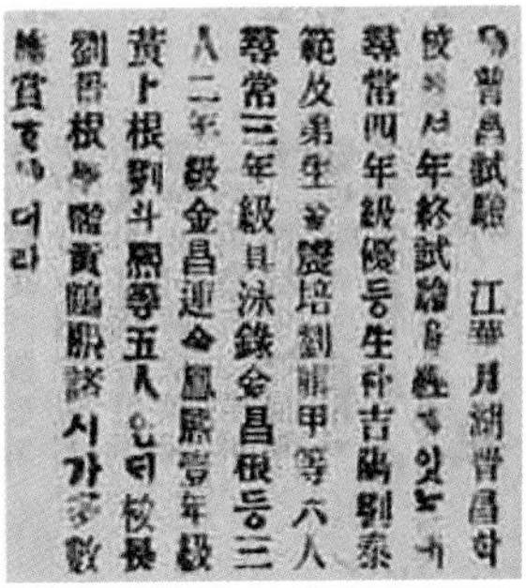
◎普昌試驗 江華月湖普昌학
校에서年終試驗을[illegible]ᄒᆞ얏ᄂᆞᆫᄃᆡ
尋常四年級優등生은吉[illegible]劉泰
範及[illegible]生金[illegible]培劉[illegible]甲等六人
尋常三年級은[illegible]泳錄金昌根등三
人二年級金昌運金鳳[illegible]壹年級
黃卜根劉斗熙等五人인ᄃᆡ校長
劉景根氏와[illegible]黃[illegible][illegible]諸시가多數
施賞ᄒᆞ얏더라

▲ 강화보창학교 1학년 우등상 유두희 기사(〈대한매일신보〉1909년 2월 3일)

정확한 시점은 알 수 없지만 보창학교를 다니다가 인천으로 이사해 영화보통학교를 다닌 것이다. 그 이후의 행적은 다양, 활발 그 자체다. 1924년 4월 1일 동아일보 인천지국 주최로 웃터골 운동장에서 열린 일본 제2함대와 전인천군의 축구경기에 오른쪽 공격수(Right Forward) 조준상

과 함께 중앙공격수(Center Forward)로 참가했다.[16]

1925년 7월에는 인천노동총동맹의 임시 집행위원 21명 중 한 명으로 선출되었고,[17] 같은 달 말에는 신임 상무위원 7명 중 한 명이 되었으며,[18] 사무분장을 통해 교양부를 맡았다.[19] 10월에는 인천청년연맹 집행위원이 되어 서무부를 담당했고,[20] 11월 8일 인천소년회 주최 인천소년축구대회에 조준상과 함께 심판으로 참여했는데, 이 대회의 대회장은 고희선이었다.[21] 11월에는 전인천축구대회를 조직한 대회위원으로 조준상과 함께 활동했다.[22]

1926년 2월에는 병진년(丙辰年)인 1916년 콜레라 방역을 위해 모금한 돈의 잔금 처리를 둘러싼 갈등으로 공금 관리인 인천 부자 최응삼(崔應三)과 격투를 벌인 사건으로 기소되었다가 2월 23일 오후 5시에 기소유예로 석방되었는데, 이때 직업은 무산자신문(無産者新聞) 인천지국장이었다.[23] "오랫동안 문제의 방역비 사건으로 죄없이 이십여 일간 철창에서 신음하던 유두희씨외 4씨가 금번 무사히 출감됨을 당하여 인천 각 단체 발기로 지난 2일 외리 용금루(湧金樓)에서 5씨 위로회를 성대히 열었는데 인천 각 방면을 대표한 남녀 육십여 명이 출석하여 끝까지 성황을 이루었다고 한다"[24]는 기사는 유두희의 활동이 상당한 지지를 받고 있었고, 방역비 사건 관련자를 대표하는 인물로 인식되었음을 보여준다.

바로 이어 경성, 개성, 강화, 인천의 청년조직을 중심으로 뭉친 경기도청년연맹 창설을 이끌고 이승엽, 고일 등과 함께 인천 몫의

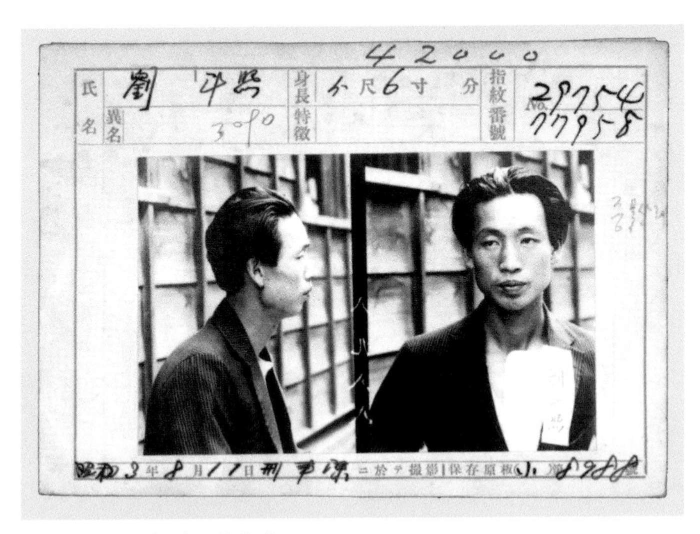

▲ 유두희(1928년 8월 11일 촬영)

집행위원이 되었다.[25] 1926년 5월에는 경찰에서 조선인촌주식회사(朝鮮燐寸株式會社) 동맹파업의 배후 선동자로 인천노동연맹을 지목하고, 사업주로 하여금 노련 간부들을 업무방해로 고소하게 하여 체포에 나서자,[26] 몸을 피했다가 강화에서 체포되어 5월 4일 인천경찰서에 유치되었다고 하는데, 이때 인천노동연맹 간부이며 무산자신문 인천지국장이었다고 한다.[27] "경기도청년연맹 집행위원 겸 인천노동연맹 상무집행위원인 유두희씨는 수일 전 강화에 왔다가 지난 삼일 오후 한시 경에 강화경찰서원의 손에 돌연 검속되었다는데 그 이유는 절대 비밀에 부친다고"[28] 하는 구체적 경과를 전하는 기사도 있는데, 유두희가 강화로 피한 것은 "(인천노동)연맹 상무위원 유두희씨는 자기 고향인 강화에 체재한 것을 알고"[29]라는 것처럼 고향이라서 도피 생활에 필요한 도움을 받기 쉬웠기 때문으로 생각된다.

이때의 체포는 기소로 이어지지는 않았다. 체포 기사로부터 한 달 보름가량 뒤인 6월 17일에 인천노동연맹 임시회가 열렸을 때 출석했기 때문이다. 이날 임시회에서는 조선인으로 구성된 친일 폭력단체인 상애회(想愛會)가 일본 산리현(山梨縣)에서 조선인 노동자를 난타하여 50여 명의 사상자를 낸 사건과 관련해 상애회를 박멸할 것을 결의했다. 그 방법으로 일본조선노동총동맹과 연계하여 행동을 통일하며, 피해자 장례에 조전(弔電)을 보내고, 일본 노동운동 시찰과 일본조선노동총동맹을 위문하기 위해 유두희와 이승엽을 특파원으로 파견한다는 결정을 했다.[30]

1926년 7월 5일 내리예배당에서 열릴 인천소년회 창립 1주년 기념강연의 연사로 고일과 함께 참여했고,[31] 7월 19일 인천청년연맹 임시대회를 당국에서 금지하자 상무위원회를 열어 임원진을 개편했는데, 이때 검사위원으로 선임되었고, 고일과 조준상, 이승엽 등은 상무위원이 되었다.[32] 11월 18일 오후 7시 30분부터 경성 견지동 회관에서 열린 간담회 형식의 조선노동총동맹 중앙집행위원회에서 7명의 상무위원 중 한 명으로 선출되었다.[33]

서두에 언급했듯이 1927년 1월 성립한 인천청년동맹의 서무담당 집행위원이었고,[34] 그해 5월 출범한 조선사회단체중앙협의

▲ 유두희(1930년 6월 18일 촬영)

회의 상설화 여부를 둘러싼 논쟁이 벌어지자 조선노동총동맹에서는 상설화 반대를 결의하고, 산하 단체에 보낼 반대이유서 작성위원 3명을 선출하였는데, 유두희가 그중 한 명이었다.[35] 8월 7일에 서면으로 진행한 조선청년총동맹의 임원 개편에서 중앙검사위원이 되었고,[36] 8월 23일 오후 8시부터 열린 인천화평리청년회 2주년 기념식에 참석해 축사를 했으며,[37] 1927년 9월에는 조선노동총동맹의 중앙집행위원으로 선출되었다.[38]

위와 같은 1920년대 후반 유두희의 행적이 고일이나 조준상 등 동지들과 다른 점은 인천에 국한한 활동이 아니라 경성에 본부를 둔 노동, 청년 관계 전국 조직의 임원으로 활동했다는 점이다. 지역 안배에 따른 인천 몫이었는지, 개인의 전국적 지명도 때문이었는지, 아니면 둘 다였는지 정확히 알 수 없지만, 인천뿐만 아니라 조선을 대표하는 청년운동가, 노동운동가로서 존재감을 가졌다는 점만은 분명하다.

고일이 쓴《인천석금》에는 유두희와 4·19혁명 후 대통령권한대행을 맡았던 곽상훈(郭尙勳)이 술집에서 이론투쟁을 하다 야구배트로 치고받아 머리가 깨지고 피를 흘릴 정도로 싸웠다가 바로 붕대를 감고 나서 또 같이 술을 마셨다거나, 조선 선원에게 술값을 떠넘기는 일본 선장의 멱살을 잡고 끌고 나와 개천 속에 집어넣고 때리더니 일본 순사에게는 천연덕스럽게 선장 놈이 제풀에 헤매다가 개천에 빠졌다고 말했다는 흥미로운 일화가 있다.[39]

키가 170cm 정도로 당시로써는 작지 않은 체구인 데다가 두주불사(斗酒不辭)의 느낌도 주며 익살스러운 면모도 있는 것 같아 실제의 성품을 알기는 어렵지만 '유쾌한 사회주의자'라는 인상이 강하게 든다.

1935년 이후 유두희의 삶에 대해서는 "노동공제회 인천지부가 인천노동총동맹으로 개편되어 용동에 간판을 걸고 유두희가 해방 때까지 유지해 왔으나 눈에 띌만한 활동은 없었다."[40]라는 언급에서 유추할 수 있다. 1930년대 중반부터 한층 강화된 일제의 강압 통치는 사실상 단체 활동이 불가능한 상황을 만들었다. 눈에 띌만한 활동이 없었다는 것이 어쩌면 당연한 일이다. 중요한 것은

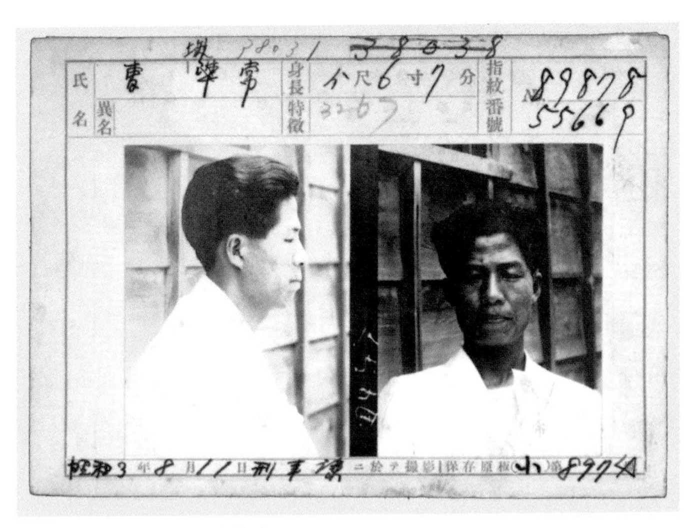

▲ 조준상(1928년 8월 11일 촬영)

유두희가 인천노동총동맹의 간판을 내리지 않고 그 모진 시절을 버텼다는 점이 아닐까?

굳게 다문 입으로 사진을 찍은 조준상은 '진중한 활동가'라는 인상이다. 〈일제감시대상인물카드〉가 2장 있는데, 두 장의 기재 내용에 일부 차이가 있다. 1928년에 작성된 카드에는 본적, 출생지, 주소가 모두 인천부 용리(龍里) 120-12번지이며 1904년생이라 했으나 1930년에 작성한 카드에는 본적과 출생지는 인천부 용정(龍町) 120번지, 주소는 경기도 강화군 부내면 관청리이고, 생년월일도 1902년 6월 22일로 다르다. 직업은 각각 무직과 미곡상이며 키는 171cm 전후로 건장한 체격으로 짐작된다. 출생연도는

유두희와 세 살 차이라는 사건 기록과 신문기사가 있어 1904년생이 사실일 가능성이 높다.[41]

조준상은 고일, 유두희와 오랫동안 교유하며 활동했다. 1924년 4월 1일 동아일보 인천지국 주최로 웃터골 운동장에서 열린 일본 제2함대와 전인천군의 축구경기에 오른쪽 공격수(Right Forward)로 참가했다.[42] 10월에는 인천청년연맹 집행위원이 되어 조사부를 담당했고,[43] 11월 8일 인천소년회 주최 인천소년축구대회에 심판으로 참여했는데, 이 대회의 대회장은 고희선이고, 유두희도 심판으로 참여했다.[44] 11월에는 전인천축구대회를 조직한 대회위원이었다.[45] 1926년 1월 15일 인천청년연맹에서 카를 리부크네이트와 로자 룩셈부르크를 기념하는 강연회를 개최할 때 조준상은 두 사람의 사망일을 제목으로 한 '1월 15일!'의 연사였으며, 유두희는 '무산청년과 칼, 로자', 고일은 '반군국주의와 무산청년'이란 주제의 연사를 맡았다.[46] 하지만 이 강연회는 경기도 경찰부의 명령이라는 이유로 금지당하고 말았다.[47] 1월 21일 블라디미르 레닌 2주기를 맞아 인천청년연맹과 인천노동총동맹이 연합하여 개최할 기념대강연에서도 레닌의 사망일을 주제로 한 '아! 1월 21일'의 연사였는

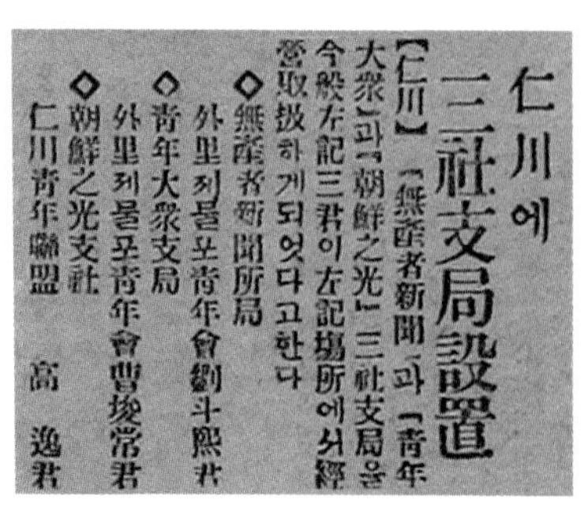
仁川에
三社支局設置
【仁川】『無産者新聞』과『青年大衆』과『朝鮮之光』三社支局을 今般左記三君이 左記場所에서 經營取扱하게되엇다고한다
◇無産者新聞所局
外里제물포青年會 劉斗熙君
◇青年大衆支局
外里제물포青年會 曹埈常君
◇朝鮮之光支社
仁川青年聯盟 高逸君

▲ 언론 지국 설치 기사
(〈시대일보〉 1925년 12월 13일)

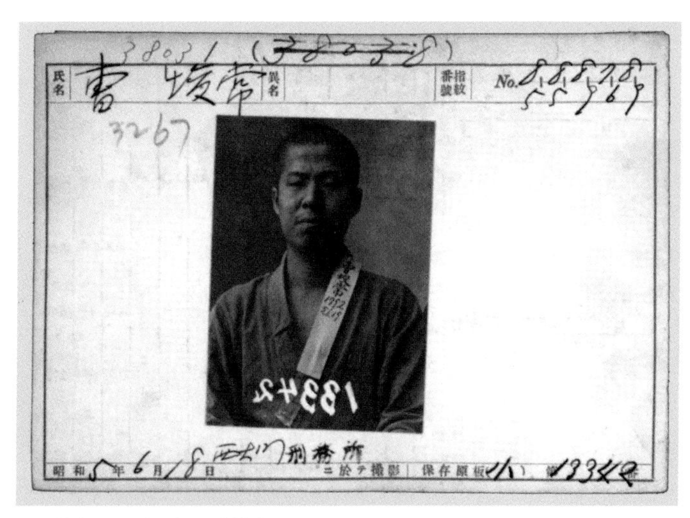

▲ 조준상(1930년 6월 18일 촬영)

데, 이때 유두희는 '레닌과 무산대중', 고일은 '인류의 최고 이상과 레닌이즘'을 강연하기로 했다.[48] 7월 19일 인천청년연맹 임시대회를 당국에서 금지하자 상무위원회를 열어 임원진을 개편했는데, 이때 상무위원으로 선임되었고, 고일 역시 상무위원으로, 유두희는 검사위원이 되었다.[49] 인천청년동맹 창립에 참여한 것은 서두에서 언급한 대로이다.

위와 같은 조준상의 행적에서는 두 가지가 주목된다. 하나는 참여하는 행사나 단체에 반드시 유두희와 고일이 있다는 점이며, 다른 하나는 유두희는 청년계와 함께 노동계에서, 고일은 청년계와 함께 언론계에서 활동했는데, 조준상은 청년계 이외의 활동은 보이지 않는다는 점이다. 의외라 할 만한 게 유두희, 고일과 함께 인천에 언론지국을 유치, 운영했다는 점인데, 잡지 〈청년대중〉의 지국을 운영했다니,[50] 역시 본격적인 언론활동이라기 보다 청년운동의 연장선상에 있었다고 보아야 할 것이다. 이 같은 차이가 세 사람 사이의 역할 분담인지, 조준상 본인의 의지인지는 모르겠지만 경성까지 넘나들며 활동한 두 사람과는 대비되는 행보다.

오랜 동지였던 고일이 남긴 기록에 따르면 경인기차통학생의 한사람으로 1955년 시점에는 이미 세상을 떠났다고 한다.[51] 교유관계를 생각하면 구체적인 내용을 기술할 만도 한데 그렇지 않아 한편으로 의아하면서도 한편으로는 전쟁 직후의 사회 분위기상 고일이 직접 언급하기 곤란한 사정과 과정으로 별세한 것이 아닌가 하는 생각도 든다.

이렇게 한두 살 차이를 둔 동지인 세 사람이 함께 고초를 겪는 큰 사건이 1928년 일어난다. 그해 7월 27일 유두희가 인천에 온 경기도 경찰부 형사들에게 먼저 체포되어 경성으로 압송되었다. 이어 8월 8일 또 인천에 온 경기도경 형사 2명이 인천청년동맹 관계자로 고일과 조준상을 체포해 오후 8시 14분 상인천역 출발 열차로 경성으로 데려갔다.[52] 수년에 걸친 지난한 조사와 수감생활의 시작이었다.

조선공산당 재건과 관련된 고려공산청년회 구성 협의였는데, 미결 상태에서 거의 2년에 가까운 조사를 받았고 재판은 두 번이나 해가 바뀐 1930년이 되어서야 진행되었다. 사건 보도조차 금지되어 있다가 해금이 되어 보도되기 시작한 게 1930년 3월인데,[53] 4월 9일 첫 공판이 예정되어 있다는 기사가 잇따랐다.[54]

4월 9일에는 주소 성명만 묻고 사실 심리는 뒤로 미루게 될 것이라는 기사가 있었고,[55] 6월 11일 오전 10시부터 경성지방법원 제4호 법정에서 속행 공판이 이루어졌는데, 고일은 언급이 없으나 유두희와 조준상은 검사의 범죄사실을 시인하였다고 한다.[56] 이날 공판에서 유두희에게 징역 5년, 조준상과 고일에게 징역 2년을 구형했는데, 유두희의 징역 5년은 사건의 주동자로 계속 이름이 오르내린 박경호와 같은 구형량이다.[57] 6월 18일 오후 3시 30분부터 같은 법정에서 열린 선고공판에서 유두희는 징역 4년, 조준상과 고일은 징역 1년을 선고받았다.[58]

▲ 인천야체이카 구성기사 (〈조선신문〉 1930년 6월 26일)

이들의 혐의는 예심결정서에서 알 수 있는데, 알기 쉽게 문맥을 정리해 옮기면 다음과 같다.

'○ 피고 유두희는 1925년 7월 하순경 인천부 산수정 서공원에서 당원 권오설에게 권유되어 고려공산청년회는 (조선을 일본제국주의의 사슬에서 이탈시키고, 조선에서 사유재산제도를 부인하고 공산제도를 실시할) 목적으로서 조직된 비밀결사인 사정을 알고 이에 입회하여 피고인 고희선, 동 조준상 등과 같이 회원 이승엽을 책임자로 하는 인천야체이카에 속하여 1925년 11월 중순경 이래 동년 12월 초순경까지 야체이카 회원 일동과 전게 공원에 회동하여 야체이카대회를 개최하고 고려공산청년회를 위하여 각종 획책을 하였으나 책임자 이승엽이가 경찰관헌에 검거되었으므로 기세가 꺾이게 되어 이 야체이카는 거의 붕괴의 상황에 임하였던바 피고 유두희는 그 후 1927년 10월 하순경 피고 조기승, 동 박경호와 같이 고려공산청년회 중앙의 지령에 의하여 경기도의 도 간부에 취임하고 그 후 동년 12월 초순 도 간부 간에 부서를 호선한 결과 피고 유두희는 조직부원이 되어 피고 고희선, 동 조준상과 결의한 후 인천야체이카를 재흥시켜 자신이 책임자가 되어 1927년 11월 하순경 야체이카 회원 일동과 인천부의 모 여관에 모여 경기도의 도 간부 강동주 임석하에 야체이카회의를 개최하고 고려공산청년회를 위하여 각종 책동을 하였다.

○ 피고 고희선은 1925년 11월 중순경 인천부 외리 청년회관에서, 피고 조준상은 동년 동월 중순경 인천부 산수정 서공원에서 회원 이승엽의 종용으로 고려공산청년회는 앞의 목적으로서 조직된 비밀결사인줄 다 알면서 입회하여 회원 이승엽과 피고 유두희가 책임자가 된 각 야체이카에 속하여 상술한 야체이카회의를 열고 고려공산청년회를 위하여 활동하였음.[59]

요약하면 이승엽 주도의 고려공산청년회 인천지부를 만들어 세 사람이 같이 활동했다는 것이다. '책동', '활동'이라는 표현을 썼지만 '야체이카회의'라는 자체 모임을 가진 것 외에 구체적으로 어떤 일을 벌였는지는 언급이 없다. 전형적인 조직 사건의 틀로 엮어냈다고 할 수밖에 없다.

이 예심결정서를 보도한 〈중외일보〉 1930년 6월 22일 기사에는 유두희와 고일의 사진을 함께 실었는데, 나비넥타이로 한껏 멋을 낸 청년 유두희와 넥타이를 맨 단정한 차림의 청년 고일이 그 안에 있다. '모던 보이'라고 해도 어색하지 않을 이 청년들이 알면서도 묵묵히 걸었던 고난의 길이 어떤 너비, 어떤 깊이였을지 짐작하기 쉽지 않다.

"공산청년동맹사건으로 복역중이든 인천 고일(高逸) 조준상(曺俊常) 량씨는 이십일일 만기로 금이십이일 아츰 그의 가족과 친구의 환영아래 출감되여 당일 오전 열시 이분 상인천(上仁川)착 렬차로 자택으로 도라왓는데 량씨는 건강한 편이라 한다."[60]

기결수로 형이 확정된 후 얼마 지나지 않은 1930년 8월 22일 고일과 조준상은 출소해 인천으로 돌아왔다. 하지만 징역 4년을 선고받은 유두희는 3년 뒤인 1933년 8월 22일이 되어서야 돌아올 수

▲ 고일(〈중외일보〉 1930년 6월 22일)

▲ 유두희(〈중외일보〉 1930년 6월 22일)

있었다.

한번 이들에게 씌워진 좌익, 공산주의자라는 낙인은 쉬이 벗겨지지 않았다. 1932년 2월 25일 고일과 조준상은 비밀결사 반제동맹 사건 관계로 인천에 내려온 동대문경찰서 형사대에 의해 체포되었다.[61] 출소 후 불과 반년 지난 시점이다. 혐의는 전과 마찬가지로 조선공산당 재건을 꾀했다는 것이지만 조준상은 조사 과정에서 석방되었고, 고일은 구속기소 되었으나,[62] 최종 불기소로 결정되어 4월 18일 오후에 서대문형무소에서 석방되었다.[63]

1933년 8월에 출소한 유두희도 다를 바 없었다. 1934년 4월 25일 아침에는 5월 1일 메이데이를 즈음하여 예방 차원의 검거에 나선 인천경찰서 고등계 형사들에게 체포되었고,[64] 같은해 6월에는 "인천경찰서에서는 룡강정(龍岡町)에서 양복점을 경영하는 류두희(劉斗熙)(30)와 ○○운동의 김《마리아》를 인천으로부터 상해(上海)에 탈출식히는 등 거친 황해(黃海)를 끼고 적은 목선으로써 상해가정부의 밀사노릇을 하다가 탈로되어 도주중인《황해의 해적》사건의 괴수 윤응념(尹應念) 사건 거두이든 김원흡(金源洽)의 장녀-인천 본정(本町) 四 옥천식당(玉川食堂) 녀급《기미고》=본명 김도순(金道順)(20)=을 비롯하야 붉은 청년남녀 十수명을 검속하고 극비밀리에 취조중인대 부내에 국한된 독서회(讀書會) 정도의 결사인 듯하다."[65]는 기사처럼 독서회 조직 문제로 체포되었다. 이처럼 유두희의 활동은 그치지 않았다. 1935년 3월 7일 자로 조선중앙일보 인천지국 기자가 되었다는 안내[66]가 현재 확인되는 해방 이전 유두희의 마지막 행적이다.

이 세 사람은 같은 사건으로 체포되고 투옥되었으므로 같은 날짜의 사진을 남겨놓았다. 1928년 8월 11일에는 일상복 차림으로, 1930년 6월 18일에는 수인복을 입고 찍었다. 늘 함께했던 서너 살 터울의 친구가 함께했으니 약간의 위로가 되었기를 바라는 안타까운 마음이다.

1919년 3·1운동 이후 고조된 항일의 열기는 1930년대 사회주의 계열 활동가들의 노동운동으로 활발해지는데, 정작 1920년대에 인천에서는 뚜렷한 항일의 움직임을 보기 어렵다. 물론 조선공산당 창당으로 대표되는 사회주의 계열의 조직화 움직임과 이에 대한 일제 당국의 검거에 인천 출신이 포함된 경우는 있으나 직접적으로 항일을 내세운 지역 활동이 잘 드러나지 않는다는 의미이다.

3·1운동에서 1930년대를 연결하는 시간으로서 1920년대는 의미가 작지 않음에도 항일을 표방한 활동이 상대적으로 적은 것은 여러 갈래에서 생각할 거리를 준다. 인천에서는 '인천청맹'이 바로 그 시간을 메우는 역할을 한 것이 아닐까? 3·1운동으로 크게

달아올랐다가 식어가는 독립의 열기를 조직적으로 널리 퍼뜨리기 위해 대중과 접촉할 수 있는 야구, 축구 등 다양한 체육행사도 열고, 다른 한편으로 전국의 청년단체와 연대하며 활동가를 양성하는 일종의 근거지로서 인천청년동맹을 평가할 수는 없을까 하는 생각이 든다.

'기억해야할 낯선 이름'이란 역설을 인천이 갖고 있다. 해방 뒤에도 인천 언론계를 중심으로 활발히 활동한 고일의 경우는 다르지만 〈일제감시대상인물카드〉와 체포, 재판을 전하는 신문에서만 확인되는 유두희와 조준상은 바로 인천이 갖고있는 역설을 상징하는 인물이 아닐까?

"2천만 조선민족이 일본의 노예가 되고
삼천리 강산이 왜제국의 감옥으로 변한 치욕의 합병도
20년이라는 장구한 세월을 경과하여
수백만 백의군중이 가두와 농촌에서 독립을 선언하고 만세를 높이 불렀으며,
수만의 영웅적 의사가 철창에서, 야외에서,
투쟁의 염원을 일으키고, 감금의 탄식을 하고 있다."

2장

기나긴 투쟁의 시작, 3·1운동 기념 격문 :

김점권
이두옥
이홍순
안문식

1930년 2월 28일 이른 아침, 중외일보 인천지국과 인천공립보통학교 등 현재의 중구와 동구 일대에 "3·1운동 11주년 기념을 맞아 전조선 민중에게 격함"이란 제목의 유인물이 뿌려졌다.

"2천만 조선민족이 일본의 노예가 되고 삼천리 강산이 왜제국의 감옥으로 변한 치욕의 합병도 20년이라는 장구한 세월을 경과하여 수백만 백의군중이 가두와 농촌에서 독립을 선언하고 만세를 높이 불렀으며, 수만의 영웅적 의사가 철창에서, 야외에서, 투쟁의 염원을 일으키고, 감금의 탄식을 하고 있다.

3·1운동도 11년을 경과했다. 그러나 지금 도리어 일본제국주의의 압박과 착취는 그 정도를 더하고 있어 2천만 생령의 고통과 비애는 극에 달해 있다.

보라! 저 놈들의 은행, 회사, 상점과 수리조합 및 농장의 발전·확장을! 그리고 우리 도시, 농촌의 파멸, 실업자와 빈민굴의 증가, 소작농민의 빈곤격화를!

피땀을 흘리며 노동하는 자는 조선의 노동 군중이고 영화와 향락을 누리는 자는 일본의 자본가와 지주가 아닌가! 그들은 이러한 착취와 야만적 압박의 지위를 지키기 위해 거대한 군과 경찰을 배치하여 감옥을 확장하며 악법과 가혹한 형벌로 우리 전위 투사를 도살하고 해방운동을 말살하고 있지 않은가?

그러나 죽음에 당면한 조선 민중을 위한 운동과 죽음을 무릅쓴 투쟁은 창검과 철창으로 근절할 수 없다.

보라! 최근 각지의 파업운동, 소작쟁의가 봉기하는 것은 무엇을 위해서며, 학생만세사건이 전역에서 만연하는 것은 무엇을 표현하기 위함인가?

그러나 조직적 지배군, 착취벌에 대항하는 데에는 민족적, 계급적의 대중적 조직의 무기와 위력뿐이다. 그것이 불완전하기 때문에 우리들의 운동은 힘이 약하고 따라서 투쟁의 승리가 적은 것이다.

조선의 노동자여! 농민이여! 피압박 대중이여!!! 대중적 조직을 이루어 노역적(勞役的) 단결을 굳히자! 노동자는 공장, 직장을 중심으로 산업적 조합을 만들고, 농민은 수리구역과 농장을 중심으로 소작조합을 조직하자! 피압박 대중은 그 노농운동에 합세하자! 그리고 노동계급의 혁명적 전위부대의 지도아래 굳게 동맹을 맺자! 이와 같이 함으로서 비로소 민족적 해방과 노동계급의 승리도, 토지문제의 해결도 얻을 수 있다.

3월 1일을 맞아 과거의 비참한 역사를 추억하고 성대히 기념함과 동시에 우리들은 조직으로부터 단결로, 투쟁의 무대로 나아가야 하지 않겠는가! 그리고 승리를 얻어내야 하지 않겠는가! 아래의 표어에 따라 용감하게 싸워야 하지 않겠는가!

1. 조선의 절대 독립 완성
2. 타도 일본제국주의
3. 8시간 노동제 실시
4. 노동계급의 정치적 언론집회, 결사의 자유 획득
5. 제국주의 전쟁을 식민지 해방 투쟁으로
6. 소비에트 동맹 옹호
7. 토지는 농민에게, 소작료는 3할 이내
8. 3월 1일을 반제국주의의 날로
9. 경찰과 노예제 교육을 폐지하고 무산자 등에게 보통교육 무료제 실시
10. 악법 폐지, 감금 혁명가 즉시 석방
11. 노동계급의 투쟁적 동맹과 노동계급의 지도 확립
12. 최저임금제 확립, 주택문제를 공장주 부담으로 해결
13. 파업과 가두시위권 획득
14. 학생사건 희생자 석방과 무조건 등교

전세계 무산자, 피압박 민족 단결 만세!
조선노농운동 재건 만세!
3·1운동 기념 만세![01]

비슷한 시간에 누군가가 서울 서대문우편국 우체통에 전국의 청년, 사회단체로 보내는 우편물을 넣어둔 것이 발견되었다. 다음날인 3월 1일 오후 1시경, 서대문 경찰서 형사가 현재의 고양시 지축동에서 한 조선인 청년의 행동을 수상히 여겨 검문했다. 몸을 수색하자 '영등포공진상회'에서 '이리청년동맹' 앞으로 보내는 봉투 등 모두 7통의 우편물이 나왔다.

인천부 외리 27번지에 사는 천일(天日)정미소 직공 김덕룡(金德龍)이라며, 모르는 사람이 우편을 보내주면 돈을 준다고 해서 받았을 뿐이라 했다.[02] 하지만 체포를 피할 수 없었고, 수사 과정에서 격문 사건의 전모가 조금씩 밝혀졌다. 그리고 이 사건의 경과를 보도한 1930년 3월 6일 〈조선신문〉 기사 제목처럼 불온문서는 인천이 본가였다.

배후는 '인천청맹'이란 약칭으로 불린 인천청년동맹이었다. 인천청년동맹 조직선전부 간사·인천노동조합 서무재정부 간사·조선정미소 직공인 김점권(金點權), 전 인천상업학교 학생·인천청

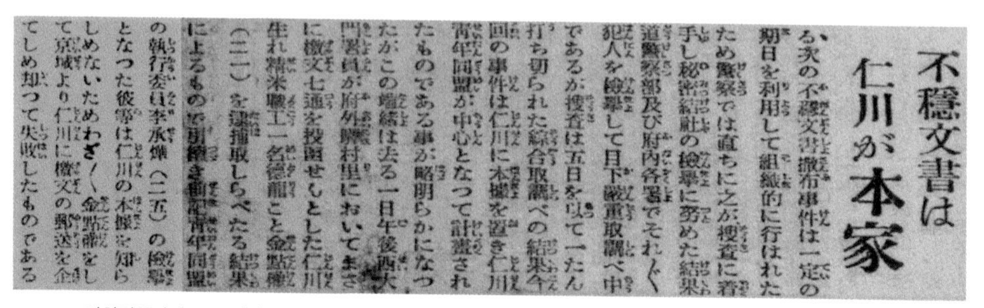
不穩文書は
仁川が本家

る。次の不穩文書撒布事件は一定の期日を利用して組織的に行はれたため警察では直ちに之が搜査に着手し秘密結社の檢擧に努めた結果道警察部及び府內各署でそれ〳〵犯人を檢擧して目下嚴重取調べ中であるが搜査は五日を以て一たん打ち切られた綜合取調べの結果今回の事件は仁川に本據を置き仁川靑年同盟が中心となつて計畫されたものである事が略明らかになつたがこの端緒は去る一日午後西大門署員が府外[illegible]村里において[illegible]に檄文七通を投函せんとした仁川生れ精米職工一名德龍こと金點權(二一)を逮捕取しらべたる結果によるもので[illegible]靑年同盟の執行委員李承燁(二五)の檢擧となつた彼等は仁川の本據を知らしめないためわざ〳〵金點權をして京城より仁川に檄文の郵送を企てしめ却つて失敗したものである

▲ 인천격문사건 보도 기사(〈조선신문(朝鮮新聞)〉 1930년 3월 6일)

년동맹 화정반원 이두옥(李斗玉), 인천청년동맹 화정반 간사·인천노동조합 집행위원·역무정미소 인부 이홍순(李弘淳), 인천청년동맹 화정반 간사·인천노동조합원·조선정미소 직공 안문식(安文植), 인천청년동맹 간사·신간회 인천지회원 이수봉(李壽奉), 제등(齊滕)합명회사 인천지점장 유창호(劉昌浩)와 정점룡(鄭點龍) 등이 줄줄이 체포되었다.[03] 하지만 이 격문사건을 가장 먼저 발의하여 실행한 인물은 체포되지 않았다. 인천상업학교 출신의 유명한 사회주의자 이승엽(李承燁)이다. 조사 결과 김점권, 이두옥, 이홍순, 안문식, 이수봉은 치안유지법과 출판법 위반으로 기소되었고, 유창호와 정점룡은 증거불충분으로 3월 20일 오후 서대문형무소에서 석방되었으며,[04] 일제 경찰에서 주동자로 본 이승엽은 체포하지 못해 기소중지 처분하는 것으로 일단락되었다.[05] 인천청년동맹원 조오상(趙旿相)도 3월 5일 시점에서는 미체포 상태였다.[06]

재판은 9월 4일에 경성지방법원 제4호 법정에서 방청 금지 상태로 열렸는데, 김점권과 이두옥은 징역 1년, 이홍순, 안문식, 이수봉은 징역 8개월을 구형했고,[07] 이틀 뒤인 9월 6일 선고공판에서 미결구류기간 130일을 통산하여 구형대로 확정되었다.[08]

사건 개요는 다음과 같다.[09] 시작은 1930년 2월 8일 이승엽이 인천상업학교 동맹휴업 사건으로 구류 처분을 받은 이두옥을 위로하기 위해 만든 모임이었다. 같은 날 오후 3시를 지나 이승엽, 김점권, 이수봉, 이두옥, 김성규(金聖奎), 지태옥(池泰玉) 등 인천청년동맹 관계자들이 인천부 우각리 화장장 부근에서 만나 잡담한 뒤 화정 중국요리점에서 간단히 회식을 하고 헤어졌다. 이 자리에서 무언가 논의가 있었을 것으로 추정되지만, 경찰 조사에서는 다들 입을 다물었다.

그 뒤 2월 18, 19일 이승엽이 김점권, 이두옥 두 명과 김점권의 자형(姊兄)인 인천부 용리 29번지 정복동(鄭福童) 집에서 만나 3월 1일 각 학교 및 사상단체, 일반에 살포할 목적으로 격문을 인쇄하자고 제안을 했고, 이승엽이 구술한 원고를 이두옥이 원고지에 받아쓴 뒤 2월 20일과 21일 이틀에 걸쳐 세 명이 약 700매를 인쇄했다.

인쇄를 마치고 이승엽의 지시에 따라 이두옥은 각지 청년동맹, 청년연맹, 노동조합, 농민조합 등에 우송하려고 미리 이승엽이 준비한 각종 봉투 30통에 받는 사람 이름을 기재했는데, 발신자명은 범죄 흔적을 감추는 수단으로 대부분 경성, 영등포 등으로 하여 가공의 약방 또는 서점 명의를 써서 한 통에 각 3부씩 동봉하여 경성, 영등포 등에서 발송하기로 했다. 인천에 뿌릴 6백여 부는 조오상을 통해 김점권에게 보냈고, 김점권은 2월 26일 오후 6시경 이홍순을 찾아가 청년동맹 사업이라 소개하며 우편발송분을 제외한 5백여 부를 3월 1일 전에 인천부내에 뿌리라고 건넸다. 이때 김점권은 자신을 경성에서 온 최성희라고 소개했다는데 서로 간의 관계를 숨기기 위한 거짓 진술로 보인다. 왜냐하면 사건 발생 전

▲ 김점권(1930년 2월 28일 촬영)

인 1930년 1월 1일 인천노동조합 제2회 정기대회에서 김점권은 서무재정부, 이홍순은 조직선전부의 임원으로 선출되었기 때문이다.[10] 신문에 각 부서별 담당 임원의 이름이 보도될 정도로 공개적인 같은 조직에서 스무 명 남짓한 집행부 사이에 몰랐다는 것은 생각하기 어렵다. 아마도 김점권이 자신을 김점권이 아닌 다른 인물이라 계속 진술했기 때문에 썼던 기만술이 아닐까 싶다.

김점권으로부터 격문을 받은 이홍순은 바로 인천청년동맹 화정반에 가서 안문식을 만나 상의했고, 안문식은 이수봉의 흔쾌한 승낙을 받고 500여 부를 셋으로 나누어 2월 27일 밤부터 각각 부내 곳곳에 뿌렸다. 이홍순은 신화수리·화평리·송현리·만석정에,

안문식과 이수봉은 도산정·우각리·금곡리·용리·내리를 담당했다. 하지만 경찰은 발견된 격문이 인천공립보통학교와 중외일보 지국의 십수매에 불과하다는 점을 들어 따로 몰래 보냈거나 숨겨 놓았다고 보았다.

여러 명이 관계된 사건이고, 여기에 관련된 사람들은 이 격문 사건뿐만 아니라 그 이후 인천에서 일어난 항일운동에 직접 또는 간접적으로 관여하고 있어 중요하다. 다른 장에서 다룰 이수봉과 유창호를 제외한 나머지 사람들의 행적을 살펴보겠다.

서대문경찰서 형사의 검문에 본인을 김덕룡이라 한 사람은 김점권이다. 〈일제감시대상인물카드〉가 4장일 정도로 1930년대를 굽힘 없이 항거한 사람이다.[11] 인물카드의 내용을 종합하면, 김점권은 1907년 10월 30일생으로 본적과 출생지가 인천부 화정이라는 기록과 현재의 서울시 은평구란 기록이 엇갈린다. 재판과정을 전하는 기사에는 본적이 미추홀구 숭의동 일대인 부천군 다주면 장의리 406번지라고도 했다.[12] 거주지 역시 화정 1정목 72와 부도정(敷島町)으로 다르다. 득용(得用)이란 다른 이름이 있으며, 어머니는 서씨고, 키는 165cm 안팎이다.

일제 기록에 따르면 1927년 3월 인천사립영화보통학교를 졸업하고 바로 노동자가 되었으나 수입이 적어 생활이 곤란하므로 그 원인으로 사회제도의 문제를 고민하던 와중에 이승엽의 지도로 사회주의 관련 팸플릿 등을 학습하고 1928년 말경 공산주의에 공

▲ 김점권(1930년 9월 8일 촬영)

▲ 김점권(1936년 5월 2일 복사)

감하여 먼저 조선을 일제로부터 해방시키고 조선에 공산주의 사회를 실현하려고 열망했다고 한다.[13]

격문사건으로 징역 1년을 선고받아[14] 1931년 4월 29일 출소했고,[15] 1932년 5월 26일에는 경기도 경찰부 형사들에게 체포되어 조사받고 5월 28일 밤 10시 40분 열차로 신의주에 있는 평안북도 경찰부로 이송되었는데 평안북도에 근거를 두고 각 지방에 조직원을 배치해 메이데이 격문을 뿌린 일 때문이며 김점권은 경성방면의 주동자였다고 한다.[16]

이 사건은 곧 공산당 재건사건으로 표현되며,[17] 치안유지법 위반으로 8월 26일 예심에 회부되었다.[18] 이 사건으로 검거된 사람은 모두 25명이었다. 그중 18명은 기소유예, 불기소, 기소중지 처분을 받았고, 7명만 기소되었는데 기소자 중 5명은 모스크바 공산대학 출신이라 한다.[19] 기소 후 조사 과정에서 '단일 공산당 사건'이라 표현되었고, 그 조직의 지도자로 인천 출신 조봉암이 지목되어 같이 조사와 재판을 받게 되었다. 1933년 12월 18일 공판에서 김점권은 징역 2년을 구형받았는데,[20] 정작 12월 27일 신의주지방법원에서 열린 선고공판에서는 징역 5년에 미결구류기간 350일을 통산하는 형을 받았다.[21] 검사의 구형량보다 판사의 선고 형량이 두 배 이상 높은 이상한 재판이었다. 미결구류로 징역형에 산입하는 날짜가 350일이라고 하니 꼬박 1년 이상을 미결수로서 조사받은 셈이다. 1934년 6월 3일 형집행정지로 석방되었다가[22] 1938년 8월 8일 서대문형무소에 재수감되었으며, 1941년 3월 13일 출소했으니[23] 20대 중반부터 30대 중반의 10년 중 절반을 감옥에서 보냈다.

이때 같이 재판을 받은 이 중에 여성인 김명시(金命時)가 있는데 '백마탄 여장군'으로 알려진 인물로 해방 후인 1949년 10월에 인천 부평경찰서에서 의문 속에 사망했다.[24] 단순히 같이 재판받는데 그친 것이 아니라 김명시가 오빠 김형선(金炯善) 등과 함께 1932년 4월 중순경 김점권의 인천 집에 와서 같이 《적색 5·1절》 및 《일본××××의 ××××을 반대하라》라는 제목의 격문을 인쇄하기도 했다.[25] 김명시가 최후를 맞은 곳이 인천이었으니 얄궂다면 얄궂은 운명이다.

재수감되기 직전인 1938년 5월 말에는 당시 일본 내각의 개편과 관련한 각계의 의견을 모아 보고할 때 "주의자[특요(特要), 공산(共產)] 인천 김점권"이란 제목으로 "국민의 일부에서는 제73대 의회가 끝나고 근위(近衛) 수상이 진퇴의 질곡에서 월계관을 써서는 안 된다고 보는 경향도 많았는데 이번에 의외로 전광석화와 같이 내각을 개조, 강화한 것은 동 수상이 어떠한 큰 결의에 차 있다는 것을 살피기에 충분하다. 한 개인이 경영하는 회사에서도 사원이 외부의 신뢰가 적고, 그 태도가 우유부단한 사람이 있다면 그 사람을 도태시켜도 할 말이 없을 텐데, 하물며 전시에 강력한 정책을 수행하기 위해 정부에서 내각을 개조하는 것은 당연한 방책

이라 할만하다. (…하략…)"라는 내용을 보고했다.[26]

이 문서의 서두에 "내선인 각층에서의 감상이 대체로 일치하는데 근위 수상의 영단적 조치를 상찬함과 동시에 이것은 동 수상의 정치적 수완과 그 인격의 훌륭함이며, 또 전시체제하에서 강력한 내각으로서 능숙하게 안으로 재정 경제의 원활과 문교 쇄신의 실적을 거두었고, 밖으로는 제 외국으로 하여금 우리 외교정책을 신뢰케 하여 지나사변을 급속하게 유리하게 해결하는데 효과가 컸다고 호평을 하고 있는데…"라 하여 여기에 담긴 개인의 소감이 실제인지 일제 경찰의 입맛에 맞게 가공된 것인지는 알 수 없지만 김점권이 일본 내각 개편이 갖는 의미에 대해 깊이 있는 지식을 갖춘 인물이었다는 점을 추측하게 한다.

해방 후에는 사회주의 계열 단체들이 모여 결성한 '민주주의 민족전선'의 상임집행위원이 되었으며,[27] 1947년 2월에 민주주의 민족전선 사무국 명의의 선거대책위원회 개최 광고에 남로당 소속 위원으로 나온다.[28] 1948년 8월 25일 남한지역 조선최고인민회의 제1기 대의원 선거에서 선출된 대의원이기도 하다.

이로 보아 1930년대 사회주의 운동에 투신한 이후 해방 이후에도 관련된 활동을 계속한 것으로 추정되며, 영화보통학교가 학업의 끝인지 후에 다른 경로로 교육을 받았는지는 알 수 없지만 그 자신이 노동자로 일하며 느낀 현실의 부조리를 일제 타도와 공산주의 실현으로 해소하려고 한 나름의 분명한 입장을 가진 사람으

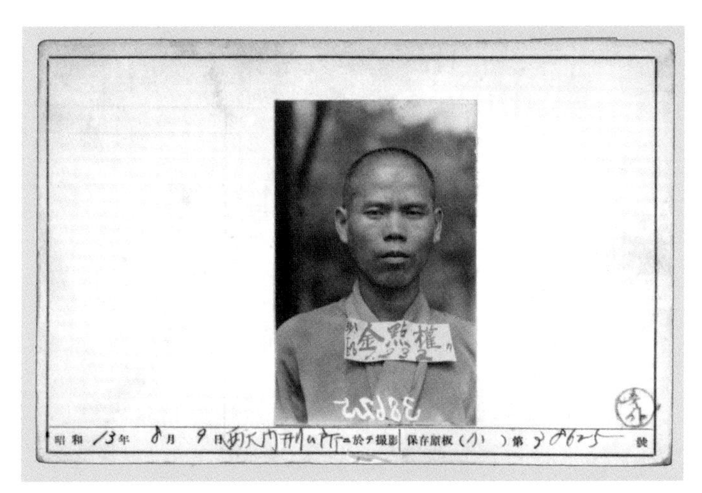

▲ 김점권(1938년 8월 9일 촬영)

로 보인다. 그렇기 때문에 김점권은 일반에 잘 알려지진 않았으나 일제강점기 공산주의 운동을 연구하는 사람들 사이에서는 인지도가 있는 인물이다.

해방 후 행적에 대해서도 여러 이야기가 있고 북한에서 차관급의 직책을 맡았으며, 남로당 계열 숙청과정에서 박헌영에 대한 비판을 거부하고 자살했다는 이야기도 있으나 확인하지 못해 하나의 설로만 적어둔다.

이두옥은 〈일제감시대상인물카드〉가 모두 3장 있는데, 전반적 생애에 대해서는 모교 인천고등학교 총동창회에서 '항일운동 퇴학, 4·3 제주항쟁 지휘'라는 제목으로 자세히 소개했다.[29] 여러 기록과 자료를 종합해 보면 1911년 9월 10일생으로 본적과 출생지

▲ 이두옥(1930년 2월 28일 촬영)

는 제주도 신좌면 조천리 2390번지이고, 주소는 인천부 용강정(龍岡町) 24번지이다. 키는 자료에 따라 다르나 160cm가량이며, 부친 이성주(李性主)와 모친 윤씨(尹氏) 사이의 4남이다.

이두옥의 이름을 처음 확인할 수 있는 것은 1928년 3월 24일 오후 7시부터 인천무도관에서 열린 진급시합에서 소년부의 최고 등급인 4급 갑의 성적을 거둔 일이다.[30] 인천상업학교를 다니다 퇴학당했는데, 광주학생사건의 영향으로 전국적으로 벌어진 동맹휴업으로 인해 퇴학, 정학당한 학생들의 명단을 정리한 자료에 따르면 인천공립상업학교 4학년, 20세로 나오며 당시 주소는 인천부 용강정 26번지 이수옥(李水玉) 댁이다.[31] 살던 집주인이 이두

▲ 이두옥(1930년 9월 15일 촬영)

옥과 같은 돌림자를 쓰는 친형 또는 같은 집안사람으로도 생각되므로 학업을 위해 고향 제주를 떠나 인천에 온 것이 아닐까 한다.

퇴학의 경위는 "1930년 1월 17일, 학생들은 강당에 모여, 작년 12월 13일의 동교 맹휴 때의 5학년의 모학생이 교장에게 밀고한 사실을 들어 응징한 뒤, 만세를 부르며 가두시위를 하다가 제지당하였다. 이같은 시위로 김경운(金慶雲)·신필수(申弼洙)·송영갑(宋榮甲)·이형칠(李亨七)·하요한(河要翰)·박창서(朴彰緖)·김병룡·김종혁·이병균·이재업·박사봉 등이 한때 경찰 취조를 받았다. 학교측은 시위에 참가한 학생 30여 명을 정학시켰고, 이두옥·김영순·신대성·고원건·지태옥·이익주·박창서·김병룡·이병균·김홍래

등을 퇴학 처분하였다."는 기술에서 알 수 있다.[32]

앞에서 언급한 인천격문사건은 이승엽 등 인천청년동맹 관계자들이 구류처분 받은 이두옥을 위로하기 위해 1930년 2월 8일 모인데서 비롯되었다고 하므로 경찰에서 구류처분을 받았고, 학교에서는 퇴학당한 것으로 보인다. 1월 17일 체포되어 계속 취조받다가[33] 구류 20일에 처해진 이두옥이 출옥한 것이 2월 6일이고 모두 다섯 명이 같은 날 출옥했는데,[34] 인천상업학교 선배이기도 한 이승엽이 다섯 후배들 중에서 유독 이두옥만을 위로하기 모임을 만든 것을 보면 이승엽 개인의 관심이든, 인천 청년계의 관심이든 상당한 기대와 주목을 받았던 인물로 생각된다.

이 격문사건으로 경성지방법원에서 징역 1년을 선고받고 서대문형무소에 수감되었다가 "작년 3월 1일 기념일에 모종의 격문을 산포했던 사건으로 이래 서대문형무소에서 복역중이던 인천 청년 이두옥은 7일 형기를 마치고 출옥했다고 한다"는 기사 내용처럼 1931년 5월 7일 출소했다.[35] 출소 후 반년가량 지난 1932년 2월에 다시 경찰의 주목을 받는다. 즉 1932년 2월 24일 밤에 경성 동대문경찰서 형사 두 명이 인천에 나타나 구모(具某)라고 이름을 바꾼 이두옥을 찾는다고 탐문한 것이다.[36] 2월 25일에는 고일과 조준상 등 4명을 체포했으나 정작 이두옥은 찾지 못했는데,[37] 체포가 일단락되었다는 3월 11일 시점에 중요 인물로 거론되고 있고,[38] 4월 9일 시점의 신체구속자 명단에 이름이 있어[39] 2월 말이나 3월 초에 체포된 것으로 보인다. 혐의는 인천상업학교 동기이자 같이 퇴학당한 신대성[40]을 지도자로 결성된 학생독서회 중심 반제동맹의 인천 가두반(街頭班) 책임자라는 것이었다.[41]

▲ 이두옥(〈동아일보〉 1933년 8월 15일 호외 2면)

1932년 4월 19일에 기소 결정이 내려졌고,[42] 수감상태에서 계속 조사를 받았다. 해가 바뀐 1933년 8월 15일이 되어서야 예심이 종결되었는데, 이때 이두옥의 주소는 인천부 용강정 24-1 이성구(李性九)의 집으로 바뀌었고, 직업은 선원이라 했다.[43] 예심이 종결되는 시점에 "이두옥은 인천 출생으로 보통학교와 인천상업학교를 마쳤었는데 재학 중에 광주학생사건에 관계도 하였고, 그의 친부가 선부인 관계로 선부노릇을 하여 생계를 하였었다는데 그가 한전종을 알게 된 후로 인천에다가 그룹을 두고 또 학생들에게와 노동자들에게 인천을 중심으로 한 활동을 하다가 한전종보다 먼저 검거를 당하게 된 것이라 한다. 그리고 그는 일찍 보안법 위반으로 처형을 받은 일도 있었다 한다."[44] 〈일제감시대상인물카드〉에서는 3장 모두 출생지가 본적지인 제주도라 했는데, 인천 출생이라고 한 점, '체형'을 '처형'이라 하는 오류, 오식(誤植)이 있지만 이두옥이 어떤 혐의를 받았는지는 알 수 있다. 재

③李斗玉(三九)別名 梁동무 前南勞黨仁川
責任者 昨年八月中央에서의派遣指導員 立
命館大學出身

▲ 이두옥(〈경향신문〉 1949년 6월 25일)

판은 또 해를 넘겨 1934년 9월 27일이 되어서 시작되었는데,[45] 재판 당일 사건의 지도자인 신대성이 "우리는 3년간이나 한 옥중에 있으나 얼굴 한 번 보지 못하였으니 악수나 시켜달라"고 재판장에게 요구했고 다른 인사들도 이에 동조하는 소동이 있었다. 결국 분리해서 심리하겠다는 말에 일단 진정하고 재판을 받았다.[46] 9월 29일에 이두옥에게 징역 3년이 구형됐고,[47] 10월 6일 선고공판에서 징역 3년에 미결구류기간 500일 합산을 선고받았다.[48]

체포에서 선고까지 2년 반이 걸린 긴 과정이었다. 출소는 1936년 5월 24일이었다.[49] 꼬박 4년의 수감생활을 마치고 이두옥은 모습을 감췄다. 그리고 해방 이후 고향 제주에서 다시 모습을 드러낸다. 〈경향신문〉 1949년 6월 25일 기사에는 제주 4.3항쟁 과정에서 국군의 포로가 된 소위 '제주도구국투쟁위원회' 관련자를 면담한 내용이 있는데, 이 면담 자리에 [그림]에서 보는 것처럼 전 남로당 인천책임자였다가 1948년 8월 중앙에서의 파견한 지도원으로 일본 입명관대학(立命館大學) 출신인 39세의 이두옥이 나온다.

39세라는 나이, 남로당 인천책임자였다는 것, 고향이 제주도라는 것 등 어느 모로 보나 인천상업학교 출신의 이두옥이다. 입명

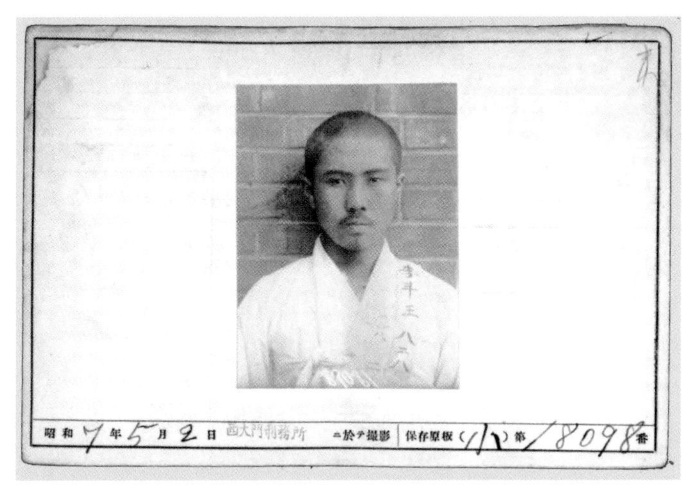

▲ 이두옥(1932년 5월 2일 촬영)

관대학 출신이라는 것으로 보아 1936년 출감 이후 일본에 유학한 것으로 생각된다. 이 면담에서 전향 의사를 묻는 기자의 질문에 이두옥은 '전향할 의사가 없다'고 했고, 제주항쟁 지도부와 함께 총살형을 받아 사망했다고 한다.[50]

인천고등학교의 전신인 인천상업 출신으로 동문회에서라도 이름과 행적을 기억하는 이두옥과 다르게 김점권은 인천에서는 잊혀진 인물이다. 하지만 어떤 면에서 보면 이 두 사람이야말로 '인천사람'다운 면이 많다고도 할 수 있다. 저마다의 꿈과 이유로 고향을 떠나 모여든 이들의 고장, 부두 노동과 공장 직공이 많았던 사회적 환경, 새로운 문물이 일찍부터 드나든 곳에서 사회주의를

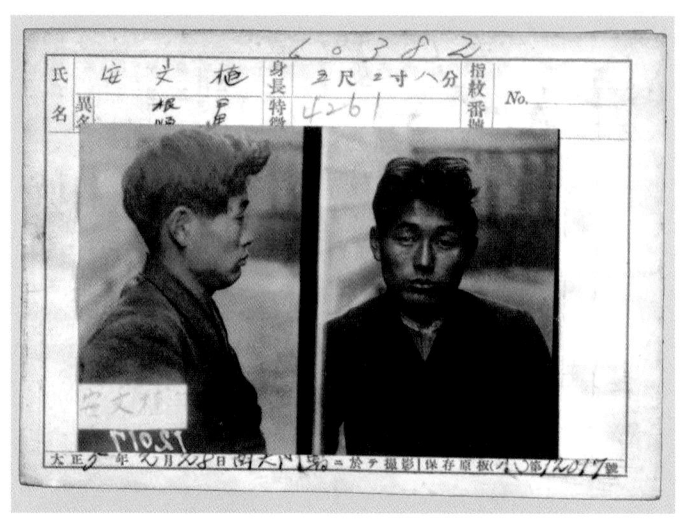

▲ 안문식(1930년 2월 28일 촬영)

접하고, 그 실천을 위해 굽힘 없이 싸워 나간 사람들의 터전이 인천이라면 김점권과 이두옥이야말로 옳든 그르든 인천에서 배우고 익힌 신념을 바탕으로 행동한 사람이 아닐까?

인천격문사건과 관련해서 잊지 말아야 할 또 한사람이 있다. 안문식(安文植)이다. 이두옥과 마찬가지로 〈일제감시대상인물카드〉가 모두 세 장 있다. 1910년 3월 22일생으로 1930년 인천격문사건으로 체포되었을 때 보도된 본적은 인천부 화정 1정목 170번지,[51] 또는 74번지이고,[52] 주소는 인천부 용리 220번지다. 직업은 인천청년동맹 화정반 간사이자 인천노동조합원이며 조선정미소의 직공이었다.[53] 키는 자료에 따라 차이가 있으나 168cm가량이고, 부친 안성도(安聖道)의 장남이며, 안순갑(安淳甲), 안근갑(安根甲)이란 이명(異名)이 있다.

격문사건으로 투옥되었다가 1930년 12월 27일 출소했는데, 1934년 작성된 〈일제감시대상인물카드〉의 비고란에 "1931년 6월 19일 인천경찰서에서 구류 29일"이란 기재가 있다.[54] 신문 등 다른 자료에서는 찾을 수 없는데, 가장 관련이 높아 보이는 것은 그해 5월부터 인천에서는 역무정미소 파업에 이어 직야정미소에서도 파업이 일어났고, 이 때문에 인천경찰서에서 6월 11일 안문식이 속했던 인천노동조합 등을 조사하여 간부를 체포한 일이 있다.[55] 체포된 사람 중에 안문식의 이름은 없어 단정할 수 없지만 시기나 내용상 관련이 있어보인다. 이밖에 안문식이 공식적으로 체포, 투옥된 자료는 없다. 그렇다고 안문식이 활동을 멈춘 건 아니었다.

1933년 5월 1일 메이데이를 맞아 인천 청년 정갑용과 김만석이 주동한 격문살포 사건이 있었는데, 정갑용을 지도한 인물로 안문식이 거론된다.[56] 즉 정갑용은 1932년 1월 인천 공산주의 운동의 특별요시찰인물인 안문식으로부터 동지의 지도훈련 방법 등을 배워 좌익운동에 매진할 결의를 했으며, 그해 2월에는 정갑용 등에게 "제군은 공산주의의 이론적 연구를 함과 동시에 그 이상인 공산주의 운동의 원조기관인 적색구원회를 조직하는 것이 어떻겠는가"라고 권유하여 정갑용, 신수복, 이억근 등이 참여하는 적

▲ 안문식(1930년 9월 8일 촬영)

▲ 안문식(1934년 2월 26일 복사)

색구원회 조직이 성립되도록 했다.

또 그해 4월에는 노동자를 중심으로 투쟁하기 위한 적색노동조합 설립을 협의하여 노동자 부문을 맡았고, 1932년 1월 인천부립도서관 앞에서 정갑용을 만나 공장노동자 방면에서 동지를 확보하라 지시했다. 이에 따라 정갑용이 조선인촌주식회사에 다니는 친척 송영주를 통해 여러 명의 노동자를 모으자 그들을 교양하는 한편 투쟁의식 고취를 위해 공장뉴스 발행을 결정하고 1933년 3월 중순 창간호인 제1호와 4월 중순 제2호를 '붉은 노동자'란 제목으로 발행하게 했다.

조선인촌주식회사 파업에도 관여하여 1933년 4월 25일경 정갑용, 김기양 등과 만나 메이데이를 맞아 동맹파업 감행을 의논했는데, 훈련되고 조직된 남자 직공에 비해 여자 직공은 조직되지 않아 어렵지 않겠냐는 정갑용의 의견에 대해 여자 직공 중에도 2명 정도 영향력 있는 동지가 있으니 실행해도 지장이 없다고 주장해 5월 1일 파업 실행을 결정했다. 안문식은 인천노동조합 관계자로 경찰이 주목할 위험이 있어 파업은 정갑용이 지도하는 것으로 결정했는데, 안문식의 예상과는 달리 5월 2일 감행한 동맹파업은 인천경찰서에서 주동자를 바로 체포하는 등 신속히 대응해 이틀간의 휴업으로 끝이 났고, 신변의 위협을 느낀 안문식은 정갑용과 함께 군산으로 피신했다고 한다.

이처럼 안문식은 노동운동에 초점을 두고 드러나지 않는 곳에서 동지들을 모으고, 지도하는 활동을 계속한 것으로 보인다. 1934년에 일제 경찰이 비중 있는 단체를 조사해 파악한 자료에 따르면 격문 사건의 동지 이홍순과 함께 인천노동조합의 임원이었던 점[57]도 이런 추정을 뒷받침한다.

〈일제감시대상인물카드〉 중에 1934년 2월 24일에 사진을 복사하여 작성한 것이 있으므로 그 시점과 그 이후에도 경찰의 감시와 추적이 계속되었다는 의미로 이해할 수 있다. 하지만 더 이상 안문식과 관련된 신문기사 등 자료는 없다. 1930년대 중반 이후 안문식은 어떤 삶을 살았을까?

인천격문사건에 깊숙이 관련한 또 한사람으로 이홍순이 있다. 앞에서 김점권과 이홍순의 관계를 설명하면서 언급했듯이 1930년 1월 1일 오후 8시 금곡리 복영루에서 열린 인천노동조합 제2회 정기대회에서 조직선전부 위원에 선임되면서 존재를 드러냈다.[58] 이때 결의한 5개 사항은 인천노동조합과 구성원의 현실과 지향을 보여주는데, "1. 회관은 명년까지는 기어이 건축하기로 가결, 1. 공장반(工場班) : 조합원 중 3인 이상 종업하는 공장에는 반드시 반장을 두어 본 조합과 연락할 일, 1. 소비부(消費部) : 조합원의 편리를 꾀하기 위하여 이를 설치하기로 함, 1. 소개부(紹介部) : 실직조합원을 위하여 이를 설치할 일, 1. 지정병원 및 목욕탕 : 조합원의 건강을 위하여 이를 지정할 일" 등이 그것이다. 전체적으로 볼 때 강력한 정치투쟁보다는 조합원의 단결과 권

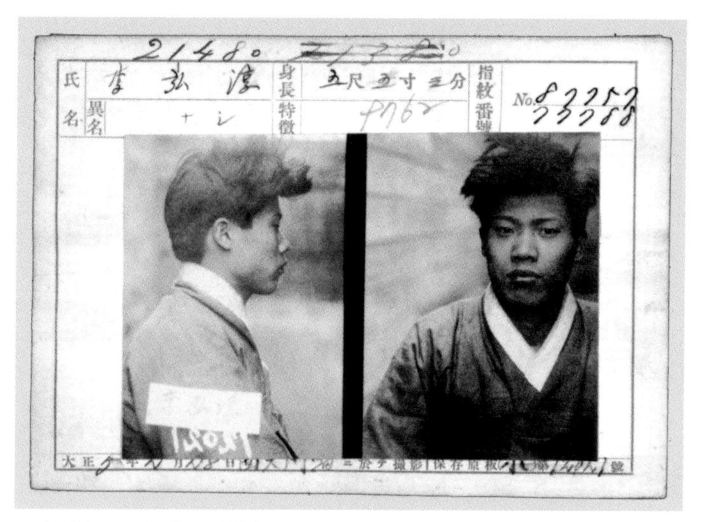

▲ 이홍순(1930년 2월 28일 촬영)

리옹호를 통한 인천노동조합의 강화, 발전에 초점이 있음을 알 수 있다.

이홍순이 이 조합에 관계하게 된 계기는 역무정미소에 직공으로 근무하던 중 인천노동조합 간부 박수복의 지도를 받게 된 것으로 보인다. 박수복의 소개로 1929년 7월 인천청년동맹 화정반에 가입했고, 7월 9일 화정반 총회에서 교양부 집행위원이 되었으며 11월에 인천노동조합에 가입했다고 한다.[59]

이홍순의 신상과 행적을 전하는 자료는 인천격문사건 관련 신문기사를 제외하면 〈일제감시대상인물카드〉 2장과 경찰이 행적을 추적하여 보고한 문서 세 개가 있다.[60] 그런데 두 종류의 자료에

생년월일부터 차이가 있다. 인물카드에는 모두 1907년 8월 6일 생이라 했는데, 문서에는 1908년생이라 해서 1년 차이가 나며, 카드에서도 본적지는 경기도 고양군 용강면 고천리 125번지와 같은 면 창전리로 다르다. 인천격문사건으로 체포될 당시 주소는 인천부 화정 1정목 20-27였고, 부친 이종대(李鍾大)와 모친 윤씨(尹氏) 사이의 차남이며, 170cm 전후의 건장한 체격이었다.

1933년 6월 12일 자 보고문서에 따르면 현재의 인천광역시 서구 가좌동인 경기도 부천군 서곶면 가좌리에서 출생하여 2세 때 고양군 용강면 현석리로 부친과 함께 이사하여 그곳 마포공립보통학교 2학년까지 다니다가 가계 곤란으로 중퇴했다. 그 뒤 경성부 의주거리에 있는 전매국 공장 직공으로서 6년간 근무했고, 자영업으로 과일상을 했는데, 19세 때 양친과 함께 인천부 화정 1정목 38번지로 이사하여 역무정미소에 직공으로 취직했다.[61]

인천으로 온 시점이 19세 때라니 1927년 전후일 것이며, 2년 안팎이 지난 뒤에 청년운동, 노동운동에 뛰어든 셈이다. 1930년 12월에 출옥한 뒤에도 의연하게 활동을 계속해 1931년 1월 인천노동조합 총회에서 쟁의조사부 집행위원 및 상무집행위원에 선임되어 조합 간부와 협력하며 조합의 확대강화에 힘썼다고 한다.[62]

1931년 4월 10일 권평근의 안내로 이승엽을 만나 권평근의 지도를 받아 좌익운동에 매진하라는 당부를 들었고, 4월 18일에는

▲ 이홍순(1930년 9월 8일 촬영)

이승엽과 권평근이 조선의 독립과 사유재산 제도를 부인하는 공산사회를 건설하기 위해서는 인텔리 중심의 기존 노동운동의 관행에서 벗어나 인천노동조합을 비합법 산업별 노동조합으로 개편해야 한다고 제안하자 거기에 찬성하고 조직 구성을 결의했다.

4월 25일에 권평근 등과 화정 2정목의 인천노동조합 사무실에서 만나 협의한 결과 5월 1일 메이데이를 기회로 노동조합원, 청년동맹원, 기타 노동자를 야유회라고 해서 우각리 소재 이항구 별장 숲에 모이도록 한 뒤 적기(赤旗)를 앞세우고 시내를 행진하는 한편 공장 노동자와 연락을 갖고 총파업을 벌이는 대담한 투쟁계획을 세운다. 이 계획에 따라 5월 1일 오후 4시에 자신이 근무하는 역무정미소 직공 20여 명을 이끌고 집합장소에 갔는데, 권평근으로부터 집합장소가 빈정(濱町)에 있는 역무정미소 앞 광장으로 변경됐다는 연락을 받고 이동중 경찰의 제지를 받아 해산할 수밖에 없었다.[63]

메이데이 투쟁 실패 후에도 노동조합 사무소에서 여러 차례 만나 6·10기념일을 계기로 한 시위를 계획했는데, 5월 18일경에 인천노동조합 간부 권충일로부터 공산대학 입학을 권유받고 5월 22일 인천을 떠나 러시아로 들어갔다고 한다.[64]

경성과 청진을 거쳐 우여곡절 끝에 7월 10일경 러시아 블라디보스토크에 도착한 이홍순은 신한촌 거주 김니콜라이의 주선으로 러시아인이 경영하는 철공소에 취직해 낮에는 일하고, 밤에는 철공소에서 관계하는 야학에 나가 러시아어와 사회주의 건설사업 등의 학습을 했다. 그해 12월에 자신에게 러시아행을 권유한 권충일을 철공소 식당에서 만나 교유하며 공산대학 입학 기회를 기다리다가 어학 등의 문제로 입학이 어려워지자 조선으로 돌아가 실천운동을 할 목적으로 1932년 4월 11일 블라디보스토크를 떠나 4월 15일에 청량리역에 도착했다.

고양군 용강면 아현리에 방을 얻고, 공덕리에 사는 매부 소개로 조간난(趙干蘭)과 결혼했다. 유리 행상을 잠깐 하다가 불경기로 폐업하고 1933년 4월 20일부터 경성고무주식회사 운동화부문 직공으로 취직했는데, 조선에 돌아온 이후의 행적에 대해 일제 경

찰은 공산주의 운동은 단념하고 오직 생업에 종사하고 있는 상태라고 평가했다.[65]

실제로 생업에만 힘써서였는지, 다른 이유가 있는지 그 이후 이홍순의 행적은 드러난 게 없다. 짧다면 짧은 5~6년간의 항일투쟁과 공산주의 운동이 그의 삶에 어떤 의미가 있었을까? 차라리 평온한 가정생활을 하며 세상과 거리를 두고 살았으면 좋겠다는 생각이 드는 것은 끊임없이 투쟁한 다른 투사들의 말로가 너무 비극적이기 때문일 것이다.

문학야구장 1루 응원석에는 언제나 까만 바탕에 흰 글씨로
'구도인천(球都仁川)'이라 큼지막하게 쓴 깃발이 휘날린다.
우리나라에서 가장 먼저 야구를 시작했고,
고교야구, 프로야구의 성적에 따라 웃고 울었던
인천사람들의 마음을 상징적으로 보여준다.

3장

체육으로 다진 마음, 항일로 이어지다 :

이수봉
조오상
유창호

"한용단이 나온다는 소만만 돌면 철시를 하다시피 온 시내를 비워 놓고 야구의 야자도 모르는 사람들까지 열병에 들뜬 것처럼 웃터골로 모여들었다. 어른들은 빈 석유통을 두드려 가면서, 아이들은 째지는 목청으로 마음껏 떠들어 댔다. 지게를 세워 놓고 구경하다가 조갯살과 생선을 썩혀 버린 장수도 허다했다는 이야기도 수긍이 간다"[01]

1930년 3월 1일을 전후하여 〈3·1운동 11주년 기념을 맞아 전 조선 민중에게 격함〉이란 격문을 인천 시내에 뿌리고, 경성에서 우편으로 전국 노동, 청년 단체에 발송하려던 사건이 있었다. 이미 소개한 김점권과 이두옥, 안문식, 이홍순 등이 관련된 사건이다. 이 사건에 가담해 체포된 이들 중에 스물여섯 청년 한 명이 있다. 이수봉(李壽奉)이다.

이수봉은 〈일제감시대상인물카드〉가 모두 3장 있는데, 1905년 2월 7일생으로 본적과 출생지는 인천부 외리(外里) 95번지, 주소는 인천부 화정(花町) 1정목(丁目) 20-19번지였다. 1931년 다

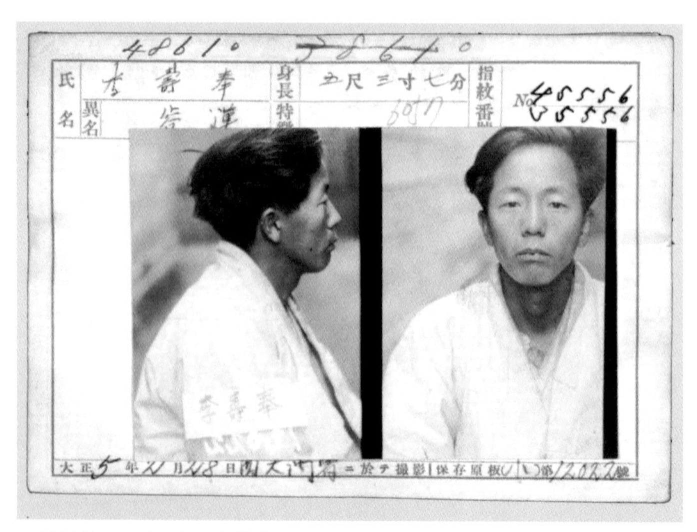

▲ 이수봉(1930년 2월 28일 촬영)

른 치안유지법 위반으로 체포되어 재판을 받았을 때는 주소가 일정치 않았다 한다. 키는 160cm가량이고, 모친은 김씨이며 직업은 무직과 고물상이다.

이때 이수봉은 기소되어 1930년 9월 4일 징역 8개월 구형, 이틀 뒤인 9월 6일 구형대로 징역 8개월이 확정되었다. 미결수 신분의 구류기간 130일을 합쳐서 1930년 12월 27일 출소했다.

1934년 11월 10일 오후 8시에 열린 영화보통학교 남자부 학내 분쟁을 해결하기 위해 동창회에서 구성한 대책회의에 참석해 타교 출신 인사의 동창회 참석 문제를 제기하고, 진상보고위원 5명 중 한 명이 된 것으로 보아 영화학교 출신이 틀림없다. 영화학교

를 나온 '일장기 말소사건'의 주역 이길용이 이수봉과 같이 진상 보고위원인 것도 그 이유다.[02]

신태범 선생의《인천 한세기》에는 경인기차통학생이 중심이 되어 조직한 인천 야구팀 '한용단'의 한 사람으로 배재학당에 다니던 이수봉을 꼽고 있어 영화보통학교 졸업 후 배재고등보통학교에 진학한 것으로 보인다.

이수봉의 행적에서 관심을 끄는 부분이 바로 야구다. 각종 신문기사에서 확인되는 이수봉의 행적은 1920년대 중후반과 1930년대 중후반의 야구다. 둘 사이의 간격을 잇는 1930년 전후 약 5년간은 체포와 투옥을 반복한 항일투사였다. 혹여나 동명이인(同名異人)이 아닐까 하는 의심도 들었지만, 인천에 살고있는 아들과 손자의 증언으로 야구인이자 항일투사임을 분명히 확인했다.[03]

1926년 5월 9일 오후 1시부터 공설운동장에서 조선인 유일의 야구팀 '고려단'과 일본인 야구 강팀 '미나토(港)'의 경기가 열릴 예정이었는데, '고려단'의 감독은 왕년에 한용단을 이끌었던 일제의 요시찰인물 곽상훈(郭尙勳)이고 이수봉은 외야수였다.[04] 1926년 6월 12일 열릴 예정인 결승전은 전인상(全仁商), 즉 인천상업학교 졸업생과 재학생으로 구성된 팀과 고려의 대결이라는데, 인상팀은 일본인 측의 강팀, 고려는 조선인 측의 유일무이한 야구팀이라 소개하여 이날의 대결이 흥미로울 것임을 예고했다. 이 경기에서 이수봉은 라이트 필더, 즉 우익수로 출전할 예정이었

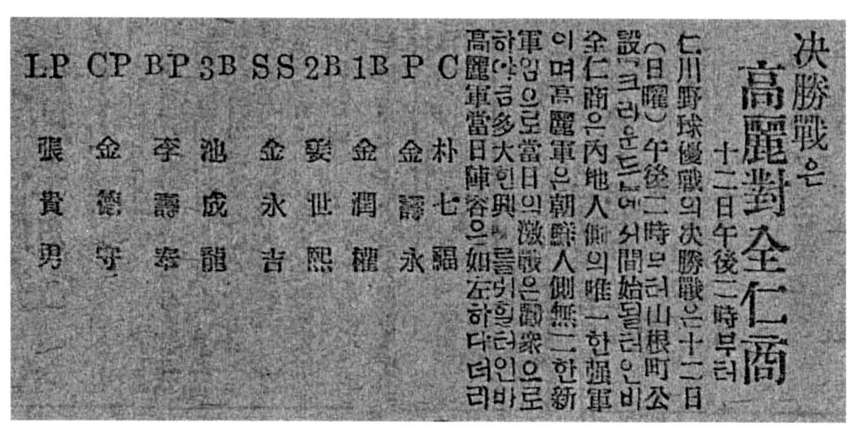

決勝戰은
高麗對全仁商
十二日午後二時부터

仁川野球優勝戰의決勝戰은十二日(日曜)午後二時부터山根町公設「크라운드」에서開始될터인바全仁商은內地人側의唯一한强軍이며高麗軍은朝鮮人側無二한新軍임으로當日의激戰은觀衆으로하야금多大한興味를[illegible]힐터인바로高麗軍當日陣容은如左하다더라

P	朴七福
C	金壽永
1B	金潤權
2B	裵世熙
SS	金永吉
3B	池成龍
BP	李壽奉
CP	金德守
LP	張貴男

▲ 이수봉 출전 '결승전은 고려 대 전인상' 기사(〈매일신보〉 1926년 6월 10일)

다.[05] 같은 해 10월 4일 오후 3시에 열리는 고려단과 미나토의 야구 대항전에서는 이수봉은 6번 타자, 좌익수였다.[06]

그런데 의외로 이수봉이 처음 신문에 소개된 것은 야구가 아니라 축구였다. 1924년 4월 1일 동아일보 인천지국 주최로 웃터골 운동장에서 조준상이 오른쪽 공격수(Right Forward), 유두희가 중앙공격수(Center Forward)로 참가한 일본 제2함대와 전인천군의 축구경기가 열렸다.[07] 이때 전인천군의 오른쪽 날개(Right Winger)로 출전한 이용한(李容漢)이 있는데, 1930년 3월에 작성된 〈일제감시대상인물카드〉에 이수봉의 다른 이름이 용한이라 기록되어 있다. 이날 야구와 축구가 연달아 열렸던 점을 고려하면 야구경기에도 출전했을 가능성이 높다. 20대 초반의 이수봉은 일본인 야구팀과 대항하는 유일한 조선인 야구팀 고려단의 주전 선수로 활약

했고, '당일의 격전은 관중으로 하여금 다대한 흥미를 끌터인 바'라는 기사 내용처럼 식민지 인천의 조선 사람들이 모여들어 마음껏 환호하는 마당의 한가운데 서 있었을 것이다.

1929년 4월 28일 인천청년동맹에서 각반대항 야구대회를 열었는데, 아침 일찍부터 몰려든 관중으로 광활한 운동장이 인산인해(人山人海)를 이루었으며, 외리와 화평리의 공동 우승으로 끝났다는 것으로 보아[08] 당시 인천에서 야구는 단순한 운동경기가 아니었다. 야구선수 이수봉이 항일투사로 거듭나는 배경에 역시 인천청년동맹이 있었다는 것도 어렵지 않게 짐작할 수 있다. 일제가 주요 단체와 구성원을 조사하여 작성한 단체표에 따르면 1934년에 이수봉은 이창식, 심만택 등과 인천청년동맹의 임원이었기 때문이다.[09]

인천격문사건으로 수감되었다가 1930년 12월 27일 출소한 이수봉의 자유는 오래가지 않았다. 1931년 7월 27일 오후에 '인천○○음모사건' 관계자로 잠적한 사람을 잡기 위해 급히 일본 대판(大阪 : '오사카'를 우리 한자음으로 읽은 이름)으로 출장 간 인천경찰서 고등계 형사 2명이 용의자인 인천노동조합원 이수봉을 포박하여 인천경찰서로 돌아왔다는 내용이 있다.[10]

여기서 말하는 '인천○○음모사건'은 '만보산사건'으로 인해 인천에서 벌어진 조선인과 중국인의 충돌을 일본인에 대한 습격으로 '전환'하려는 계획을 말한다. 실제 이런 계획이 있었는지는 불

▲ 이수봉(1930년 9월 8일 촬영)

▲ 이수봉(1931년 9월 4일 촬영)

분명하지만, 어쨌든 일제 경찰은 이를 명분으로 인천의 노동, 청년부문 관계자인 권문용, 권평근, 이창식, 김성규, 심경원 등 6명을 체포하여 재판에 넘겼는데, 이수봉이 그중 한 명이다. 그리고 사건의 배후 인물로는 이승엽을 지목했다.[11]

이수봉은 이 사건으로 징역 2년 6개월을 선고받아[12] 1934년 3월 26일까지 서대문형무소에 수감되었다. 1905년생이니 20대 중·후반을 거의 감옥에서 보낸 것이다. 일제의 탄압이 거세지기 시작하는 1930년대 중반이 되었다. 이수봉의 나이도 서른을 넘었다.

1935년 10월에 인천 조선인의 유일한 체육기관으로 '인천체육회' 설립을 준비하는 내용이 있는데, 이수봉은 여기에 발기인이자 창립 준비위원으로 선임됐다.[13] 이어 1936년 1월 11일 인천공회당에서 열린 창립총회에서 이사이자 야구부장이 되었다. 이때 감사로 선임된 이가 이승엽이다.[14]

같은 해 8월 1일부터 경성에서 열리는 전조선 도시대항야구전에 참가할 인천팀을 구성하는 문제와 관련해 일본인의 '인천체육협회'에서 각 팀에서 우수한 선수를 뽑아 인천 대표팀을 만들자고 하자, 팀별 리그전을 통해 우승팀이 인천 대표로 출전해야 한다고 맞섰다. 이때 감독으로 '애관'팀을 이끌던 이수봉은 끝내 협회의 주장이 관철되자 인천대표팀 구성에서 애관팀을 이끌고 탈퇴해 버린다.[15] 이보다 앞서 수원체육회 주최로 총 14팀이 출전한 중

부조선야구 선수권대회에서는 결승전에서 인천 애관팀이 경성의 강팀 경전단(京電團)을 2대1로 꺾고 우승을 차지했는데,[16] 시점으로 볼 때 이때 애관팀 감독도 이수봉이었을 것이다. 우승으로 오른 팀워크와 사기를 볼 때 리그전으로 인천대표팀을 결정한다면 충분히 다른 팀을 이길 수 있다는 자신이 있었던 것 같다.

이수봉에게 야구는 또 다른 항일의 수단이자 방법이 아니었을까? 한동안 사라졌던 이수봉의 행적은 1949년 3월 24일 반민족행위특별조사위원회 경기도 인천조사부에 출석한 것으로 다시 드러난다. 당시 인천자유노조 수송부장으로 송월동 3가 16번지에 살고 있던 이수봉은 증인으로 출석했다.[17]

여기서 한 진술에 따르면 인천경찰서 고등계에서 일하며 악명을 떨친 이중화(李重華)에게 이수봉은 고문을 받는 등 고초를 겪었다. 먼저 "약 20년 전 삼일절 11주년 기념일에 독립에 대한 「민족에 격함」이라는 「삐라」를 살포한 죄로 위 피의자 이중화에게 체포당했습니다."라고 하여 1930년 3월의 인천격문사건으로 체포당한 일을 언급하여 "이중화 형사가 소생의 양 팔을 뒤로 돌려 묶고 무릎을 꿇게 하고 이중화 형사와 일인 금궁(今宮) 형사가 서로 번갈아 가면서 검도용 죽도와 목도로서 전신을 난타하고 구둣발길로 전신을 수없이 강축(强蹴 : 발로 세게 참)하며 수권(手拳)으로 양 뺨을 무수히 구타하였는데 이것을 11일간에 매일 2, 3씩 당하였습니다."라며 고문 사실을 증언했다. 그리고 고문으로 인해 앞니 2개가 반쯤 부러져 버렸고, 한때는 기절하기까지 했다고 한다.

1931년의 '인천중대음모사건'과 관련해서는 "형무소로부터 출옥 이후 본인은 일본 대판에 가서 있었는데 무슨 사건인지 알 수 없으나 이중화가 비행기로 대판에 출장하여 본인을 체포하여 서울검찰국으로 동행하였는데 검사의 취조로 본인은 하등의 범죄 혐의가 없다고 검사가 일단 석방시켰는데도 불구하고 재차 이중화 형사는 본인을 인천서까지 동행 무릎을 꿇게 하고 이중화는 발길로 수삼차 전신을 난축(亂蹴 : 발로 마구 참)하면서 현재 이북에서 법상(法相)으로 있는 이승엽 동지와 몇 번이나 같이 다녔나 하고 그 사건으로 말미암아 이중화는 자기 임의로 서류를 작성 송치한 결과 이로 인하여 본인은 3년 징역 판결을 받은 사실이 있습니다."라고 했다. 이중화에게 처벌을 요구하는가라는 조사관의 물음에는 법에 따라 처분해 주길 바란다는 뜻을 밝혔다. 징역 형량 등 일부 사실관계에 착오는 있지만 일제강점기에 이수봉이 겪은 고통이 어땠는지 짐작하기 어렵지 않다.

후손으로부터 받은 제적등본에 따르면 당시로써는 늦은 나이인 1940년 전후에 결혼해 1941년 5월에 첫아들을 얻었다. 모두 3남 1녀의 자손을 두었으나 전쟁의 파도는 그를 삼켜버렸다. 1950년 가을부터 겨울 사이에 누구에 의해서인지 모르게 이수봉은 세상을 떠났다고 한다.

이수봉의 후손은 여전히 인천에서 뿌리내리고 살고 있다. 장남은 아버지와 함께 한 시간은 짧았으나 운명인지 아버지처럼 야구인의 길을 걸었다. 문학야구장 1루 응원석에는 언제나 까만 바탕에 흰 글씨로 '구도인천(球都仁川)'이라 큼지막하게 쓴 깃발이 휘날린다. 우리나라에서 가장 먼저 야구를 시작했고, 고교야구, 프로야구의 성적에 따라 웃고 울었던 인천사람들의 마음을 상징적으로 보여준다. 인천이 자랑스럽고 당당하게 야구의 수도라고 외칠 수 있는 것은 어쩌면 항일의 길에 주저하지 않고 나섰던 야구선수 이수봉이 있었기 때문이 아닐까? 다른 도시가 구도라고 주장한다면 너희에게는 이수봉 지사와 같은 야구인이 있느냐고 되물으면 될 일이다. 이수봉의 후손이 '구도인천'의 깃발 아래 시구(始球)와 시타(始打)하는 장면을 만들어 낸다면 인천 야구의 바탕에 면면히 흐르는 항일의 투지를 오늘의 방식으로 기억하는 것이라 굳게 믿는다.

어떤 일이든 앞에서 끄는 사람이 있으면 뒤에서 미는 사람이 있게 마련이다. 나서서 외치는 사람이 있으면 들으며 호응하는 사람이 있어야 일이든, 투쟁이든 성공할 수 있다. 그런 의미에서 인쇄된 격문의 전달자로 지목되어 체포된 조오상(趙旿相)도 기억할 필요가 있다.

1930년 2월 20일과 21일 이틀에 걸쳐 이승엽과 김점권, 이두옥은 3·1운동 제11주년 기념 격문 700장을 인쇄했다. 이두옥이 각지의 청년동맹, 노동조합, 농민조합 등에 한 통에 3장씩 넣어 30통을 발송하기로 준비했고, 이승엽은 인천에 뿌릴 600매를 조오상을 통해 김점권에게 보냈다.[18] 자료 원문에는 장오상(張旿相)이라 되어있으나 같은 자료의 관계자 성명에는 조오상(趙旿相)으로 되어있고, 신문기사에도 조오상으로 되어있어 격문 전달자는 조오상이 틀림없다. 이 자료에는 주소는 일정치 않으며, 인천청년동맹원이라 했는데, 청년동맹 활동으로 알게되어 이승엽의 부탁을 받아들인 것 같다. 이게 조오상이 관계한 모든 것이다.

〈일제감시대상인물카드〉에는 본적과 출생지가 인천부 우각리(牛角里) 14번지이고 주소는 인천부 내리(內里) 49-11호라 기재했다. 직업은 학생이고 키는 162cm가량이며, 요한(ヨハン)이란 이름도 있다고 했다. 생년월일 항목에 '당(當) 20년 4월 3일생'이라고 써서 조금 혼란스러운데, 체포시점인 1930년에 20세 4개월쯤이라 보는 게 타당할 듯하다. 그렇다면 1910년이나 1911년생일 것이다. '요한'이란 별명을 한자가 아니라 일본어로 쓴 것으로 보아 기독교인으로 추정되며, 직업이 학생인데, 경성의 협성실업학교를 다녔다.[19]

조오상은 격문사건이 발각되고 관계자들이 줄줄이 체포될 때 체포되지 않았으나 며칠 뒤인 3월 7일에는 체포된 상태였으며,[20] 3월 11일 밤 서대문서로 호송되었다.[21] 다만 3월 21일 기사에는 여전히 미체포 상태로 이승엽, 권오직과 같이 기소중지되었다고 해서 차이가 있다.[22] 사건이 전체적으로 정리되지 않은 상태에서 보도가 잇따르다 보니 관계자의 숫자와 이름이 틀린 경우로 생각된다. 최종적으로는 불기소처분했다는 기사가 있고,[23] 〈일제감시대상인물카드〉에도 기소유예라고 했으니 처벌할 수준은 아니라 판단했던 것이다. 겉으로 드러난 것은 단순한 격문의 전달자였으니 나름 합당한 판단이라고도 생각할 수 있다.

격문사건 이전 광주학생의거로 전국의 각급 학교가 들썩일 때 인천경찰서에서 기차통학생 조오상을 체포했다는 기사가 있어[24] 경찰이 주시할 정도로 민족의식을 갖고 주변과 관계를 맺은 인물로 추정되지만, 정작 활동은 체육 방면에서 더 많이 나타난다.

조오상이 다닌 학교가 경성의 협성실업학교라는 것도 앞서 언급한 전선(全鮮)경기대회 1500m에서 3위의 성적으로 입상한 기사였고,[25] 1926년 10월 3일 인천체육회 주최로 열린 제2회 인천부민 경기대회에서는 1500m 3위, 월미도 일주 마라톤에서는 39분 20초로 1위를 한 전동오(田東吾)에 불과 1초 뒤진 39분 21초로 2위를 차지했다.[26] "마라톤의 우승자가 3위까지 조선인에게 돌아간 것은 인천 조선인 측의 운동계에 활기를 주었다는데"[27]라는 기사처럼 월미도를 메우고 응원하던 조선인들에게 큰 자긍심을 주었을 것이다. 바로 다음 날인 10월 4일 오전 10시부터 공설운동장에서 열린 조선신궁(朝鮮神宮) 경기대회 출전 선수 선발을 위한 인천 예선전 청년부 1500m에서 5분 3초 54로 3위를 차지했다.[28]

1927년 10월 1일 인천체육협회 주최 인천시민대운동회 월미

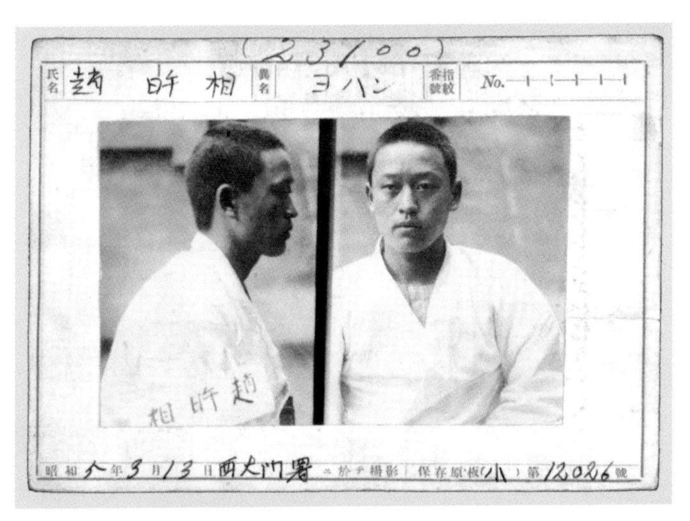

▲ 조오상(1930년 3월 13일 촬영)

도 일주 마라톤 9000m 경기에서는 36분 39초 51의 기록으로 전년도에 1초 차이로 자신을 앞선 전동오를 2위로 밀어내고 1위를 차지했다.[29] 며칠 뒤인 10월 9일 신정회 주최 제1회 인천시민대운동회 육상 1600m에서 5분 20초 $\frac{2}{5}$로 1위, 월미도를 일주하는 약 9000m의 마라톤에서는 35분 59초 인천신기록으로 1위를 차지했다.[30]

1928년 6월 23일 경성운동장에서 열린 조선체육회 주최 제3회 전조선육상경기대회 청년부 5000m에서 3위였고,[31] 10월 1일 열린 인천부민경기대회 월미도 마라톤에서도 37분 39초로 1위였으며,[32] 1929년 조선체육회 육상대회에서는 청년부 1600m 릴레이

에 고려팀으로 1위를 차지했다.[33]

격문사건으로 체포되었다가 석방된 이후인 1930년 9월 24일 열린 제8회 전조선 중등학교 육상경기대회 결승전에서도 400m 4위, 800m 3위 성적을 거뒀고, 협성실업학교가 2위였던 1600m 릴레이에도 참가했을 가능성이 높다.[34]

1930년 10월 19일 열린 제6회 조선신궁경기대회 일반부 800m 결승에서도 5위를 차지했는데,[35] 이것을 마지막으로 조오상의 행적은 확인할 수 없다. 10대 후반부터 20대 초반까지 인천을 대표하는 중장거리 육상선수로 전국 대회에서도 우수한 성적을 거두었고, 그런 와중에서도 인천청년동맹에 관계하며 항일운동에 힘을 보탰다.

육상에서 거둔 빼어난 성적만을 본다면 이수봉이 참여해 1936년 1월 출범한 인천체육회에 서 역할을 했을 법도 한데, 임원진에는 이름이 없다. 1936년이라면 26세나 27세의 청년으로 임원이 되기엔 젊었을지 모르고, 일반회원으로 참여했을 가능성을 배제할 수는 없지만 신문에서 전혀 이름을 확인할 수 없어 의아스러운 면도 있다.

조오상이 어떤 생각으로 이승엽의 부탁을 받아 김점권에서 격문을 전달했는지 모른다. 이승엽이 무엇인지 설명하지 않고 그저 갖다 주라고만 해서 아는 처지에 거절하기도 곤란해 단순히 전해주었을 수도 있다. 어쩌면 사정을 듣고 격문을 나서서 뿌리겠다고 하는 조오상에게 전달하는 것도 큰일이니 그걸로 충분하다고 선배들이 만류했을지도 모른다.

어찌되었던 월미도 마라톤하면 누구나 이름을 떠올리며 응원하고 기뻐하던 청년 조오상이 인천격문사건의 관련자로 체포되어 조사받는다는 소식을 전해들었을 때 인천의 조선사람들은 그를 더욱 걱정하며 마라톤 우승 이상으로 응원하지 않았을까?

인천격문사건 관계자 중에 미스테리하다면 미스테리한 인물이 한명 있다. 격문인쇄에 꼭 필요한 등사판을 이승엽에게 빌려준 사람인데 제등합명회사(齊藤合名會社) 인천지점장 유창호(劉昌浩)다. 이 사람을 미스테리하다고 표현한 이유는 인천무도관(仁川武道館) 관장으로 활약한 유창호(柳昌浩)와 동일인물인 듯 아닌 듯하기 때문이다.

인천격문사건에서 유창호가 한 역할은 2월 하순 어느 날 이승엽으로부터 격문 살포 계획을 듣고 인쇄에 필요한 등사도구 일체를 빌려준 것이다.[36] 신문에는 등사판을 빌려준 날이 2월 18일이라 한다.[37] 이일로 체포되었을 때 신문에 소개된 본적은 경성부 청수정(淸水町) 26번지이고 주소는 인천 외리 226번지로 직업은 회사원이었다.[38] 보기에 따라서는 격문 배포의 성패를 좌우하는 중요한 역할일 수 있는데, 결론은 증거불충분으로 3월 20일 오후 서대문형무소에서 석방되었다.[39]

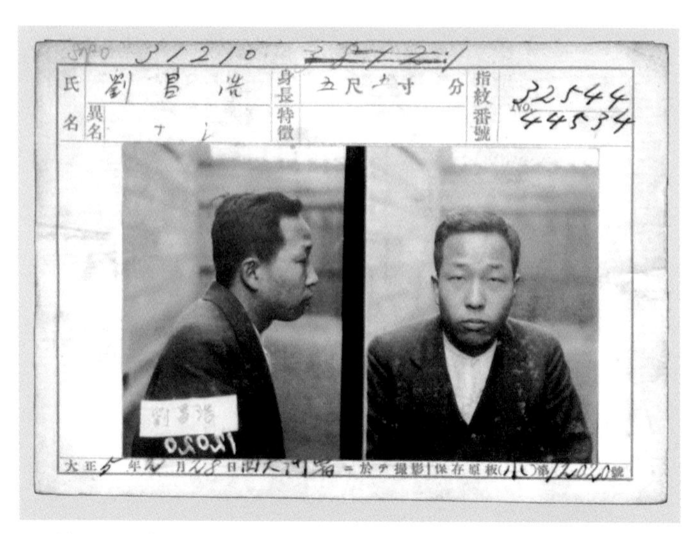

▲ 유창호(1930년 2월 28일 촬영)

그 이후 직접적인 항일운동과 관련해 유창호가 언급된 자료는 없다. 대신 인천에 무도관(武道館)을 설치해 운영하면서[40] 신간회 인천지회 사무실을 자기가 운영하는 인천무도관에 두고, 그 임원이 된 유창호(柳昌浩)가 있다.[41] 1930년대에는 조선인으로 구성된 인천체육회의 발기인이자 창립준비위원으로[42] 체육계에서 활동했으며 인천상공협회 창립에 관여하여 창립준비위원이 되고,[43] 동산고등학교의 전신인 인천상업전수학교 후원회에 간사로 참여하는 등[44] 활발히 활약한 인물이다. 이외에도 더 많은 기사와 자료가 있다.

〈일제감시대상인물카드〉에 따르면 유(劉)창호는 1905년 8월

26일생으로 본적과 출생지는 경성부 청수정 36번지이고 주소는 인천부 외리 226번지다. 키는 167cm가량이며, 인천격문사건으로 체포되었을 때는 앞서 언급했듯이 제등합명회사의 인천지점장으로 회사원이다.

유(劉)와 유(柳)는 엄연히 다른 성씨이므로 두 사람을 같은 사람으로 볼 이유는 없다. 그런데 1930년 12월에 인천부의 빈민을 위하여 새끼꼬는[製繩] 작업장을 마련하기 위해 동분서주해 결국 대양상회(大洋商會) 임창복(林昌福)에게 200원을 기부받아 작업장을 마련한 사람이 인천무도장(仁川武道長) 유창호(劉昌浩)라는 기사가 있다.[45] '인천무도장'은 '인천무도관 관장'을 줄여 쓴 것이므로 인천무도관장은 '유(劉)창호'란 이야기다. 다른 기사에서 '유(柳)창호'라 한 것과는 다르다. 어느 쪽일까? 쉽게 생각하면 제승작업장을 만든 유창호의 이름을 보도하면서 실수로 '유(柳)'를 '유(劉)'로 표기했다고 볼 수 있다. 다만 어려운 글자를 쉬운 글자로 잘못 쓰는 경우는 많아도 상대적으로 쉽고 흔한 글자를 어려운 글자로 잘못 쓰는 경우는 많지 않아서 혼란스러운 점이 있다. 두 사람이 동일인물일 가능성이 높다는 의미는 아니지만 앞으로 더 조사해서 밝혀낼 필요가 있다는 점에서 작은 미스테리로 남겨 둔다.

두 사람이 체포된 이유인
평양사범학교 내에 독서회를 구성한 문제 역시
서로에 대한 믿음에서 시작되었을지도 모른다.
두 사람은 1년 이상 걸린 예심 결과
독서회가 평양조선공산청년회 결성으로 연결되어
1934년 11월 26일 경성지방법원에서
징역 2년 6월(우종식)과 징역 1년 6월(이억근)을 선고받았다.

4장

인천의 홍길동과 그의 친구가 조선 하늘에 드리운 항일 기개 :

이억근
우종식

19살과 18살의 인천 청년 두 명이 1932년 11월 30일 전후에 평양에서 경기도 경찰부 형사들에 의해 체포됐다. 같은 날 경찰서에서, 형무소에서 찍은 사진을 남긴 이 둘은 우종식(禹鍾植)과 이억근(李億根)이다. 사건 내용은 다음과 같다.

> "이억근이 인천에서 비밀히 몸을 피하야 평양에 온후 사범학교 학생들을 식혀 독서회를 조직케하고 이어서 사상문제연구회를 조직하야 비밀리에 좌익사상을 선전하며 잠행운동을 계속하여 오든것이라 한다."[01] 이 사건은 뒤에 평양사범학교내 공산청년학생회 조직으로 확대된다.[02]

〈일제감시대상인물카드〉에 1913년 1월 5일 출생으로 기재한 우종식은 본적과 출생지가 인천부 화정(花町) 1정목(丁目) 91번지이고, 주소는 평양사범학교 기숙사이다. 1914년 7월생으로 카드가 모두 세 장 있는 이억근은 체포와 수감을 반복하면서 생긴 시간차 때문에 주소가 평양사범학교 기숙사, 인천부 율목리(栗木里)

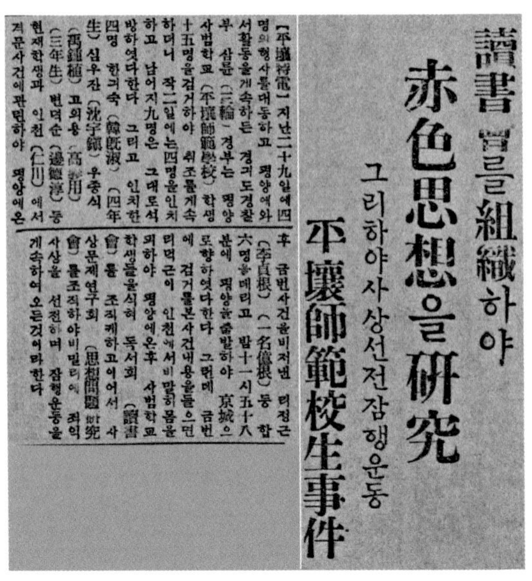

讀書會를組織하야
赤色思想을硏究
그리하야사상선전잠행운동
平壤師範校生事件

【平壤特電】지난二十九일에四명의형사를대동하고 평양에와서활동을게속하든 경긔도경찰부 삼륜(三輪) 경부는 평양사범학교(平壤師範學校) 학생十五명을검거하야 취조를게속하더니 작二일에는四명을인치하고 남어지九명은 그대로석방하엿다한다 그리고 인치한四명 한긔숙(韓旣淑) (四年生) 심우잔(沈宇鎭) 우종식(禹鍾植) 고희용(高喜用) (三年生) 변덕순(邊德淳) 등 현재한생과 인천(仁川)에서 격문사건에관련하야 평양에온후 금번사건을비저낸 리정근(李貞根)(一名億根) 등 합六명을데리고 밤十一시五十八분에 평양을출발하야 京城으로향하엿다한다 그런데 금번에 검거를본사건내용을들으면 리덕근이 인천에서비밀히몸을피하야 평양에온후 사범학교학생들을식혀 독서회(讀書會)를 조직케하고이어서 사상문제연구회(思想問題硏究會)를조직하야비밀리에 적익사상을 선전하며 잠행운동을 계속하여오든것이라한다

▲ 이억근과 우종식 체포 기사(〈매일신보〉 1932년 12월 4일)

93번지, 현재의 숭의동 일대인 부천군 다주면(多朱面) 장의리(長意里) 379번지로 다르다. 키도 자료에 따라 165cm 또는 169cm이고, 항일운동을 하며 가명을 많이 썼기 때문인지 김인복(金仁福), 김인섭(金仁燮), 이정근(李正根), 이성근(李成根)이란 이름도 있다.

두 사람이 공통적으로 평양사범학교 기숙사를 주소로 두고 있어 처음에는 두 사람이 모두 평양사범학교를 다녔다고 생각했다. 하지만 자료를 더 찾다 보니 이억근은 학생동맹휴업사건으로 인천상업학교에서 퇴학당했다고 한다.[03] 그런데 1930년 초 광주학생의거에 이어 벌어진 동맹휴업으로 인천공립상업학교에서 퇴학당한 12명의 명단에는 이억근이 없고,[04] 이때 퇴학당한 이두옥이 1911년생으로 이억근 보다 세 살 위인 걸 보면 아마 다른 동맹휴업사건으로 학교를 그만두게 된 것으로 생각된다.

두 사람이 체포된 이유인 평양사범학교 내에 독서회를 구성한 문제 역시 서로에 대한 믿음에서 시작되었을지도 모른다. 두 사람은 1년 이상 걸린 예심 결과 독서회가 평양조선공산청년회 결성으로 연결되어 1934년 11월 26일 경성지방법원에서 징역 2년 6월(우종식)과 징역 1년 6월(이억근)을 선고받았다.[05]

체포되었을 때 이억근은 "입을 굿게 닷고서 평양에서 취한행동에 대하여 아직도 말하지 안흐나"라는 보도처럼 묵비권을 행사했고, 이름도 이정근(李定根)이란 가명을 사용하다가 본명이 이억근으로 밝혀졌다.[06] 이억근은 1932년 4월 30일 조봉암이 활동했던 상해파 공산주의 그룹의 구성원이던 김기양(金基陽)으로부터 '일본의 만주 점령에 반대하자', '붉은 5·1절' 격문 등의 팸플릿을 살포해 달라는 부탁을 받고 경성과 인천에 뿌린 뒤 7월경 우종식을 만나 평양사범 학생들을 대상으로 독서회를 조직했고, 9월 초에서 10월 말에는 평양사범학교 기숙사에서 각종 팸플릿을 등사해 학생들에게 배포했다.[07]

1932년 12월 26일 치안유지법 위반과 출판법 위반으로 이억근과 우종식을 예심에 청구하며 작성한 서류에는 이억근이 김기양을 만난 날짜가 1932년 4월 30일이고 5월 1일부터 3일까지 격문 약 300매를 인천에서 노동자에게 배포했으며 7월 하순경에는 남은 격문 40매를 부두 등에서 노동자에게 배포했다고 한다. 또 1932년 7월 초순 우종식은 평양부 선교리(船橋里) 변득준(邊得準) 집에서 '자본주의의 발전과 몰락', '학교와 공산주의', '우리들의 붉은 무기', '부르조아 교육의 사회적 근거', '독일의 프롤레타리아' 등의 문서를 각각 20부 이상 등사해서 평양사범학교 학생들에게 나눠주었다고 한다.[08]

이억근은 1932년에 인천에서 벌어진 메이데이격문사건에도 이름이 나온다. 1932년 3월 어느 날 김기양이 사유재산 제도 부인을 목적으로 하는 적색구원회 조직을 제안하자 거기에 동의했고, 같은 달 인천부 외리의 신수복 집에서 정갑용, 안경복, 최덕룡, 신수복 등과 정갑용을 책임으로 하는 국제적색구원회(Mopr, モップル) 조직을 만들어 조직선전부를 맡았으며 한 달 사이에 구원비로 20전을 냈다. 또 이억근과 동갑으로 1930년 중앙고등보통학교 1학년을 중퇴하고 인천부 율목리 10번지의 자택에 머물면서 신흥문학과 공산주의 운동 연구에 몰두하던 최덕룡이 김기양, 이억근에게 김환옥, 유천복을 설득하게 하여 5명이 적색구원회 및 적색독서회 조직을 결의한 적이 있는데, 이때 이억근은 유천복과 함께 교양부를 맡았다.[09]

서대문형무소에서 수감생활을 한 우종식이 석방된 뒤에 어떤

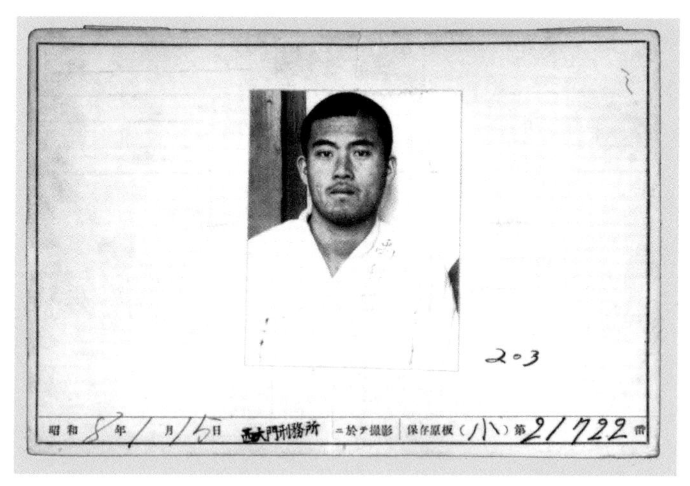

▲ 우종식(1933년 1월 15일 촬영)

활동을 했는지 알 수 있는 자료는 찾지 못했다. 다만 인천체육회에서 주최하고 매일신보 인천지국에서 후원하여 1937년 1월 31일 송림동 도축장 건너편 '링크'에서 열린 '인천빙상대회'에서 남자 1500m에 3분 38초 4로 2위 입상한 인물로 우종식이 나온다.[10] 1913년생이므로 1937년 당시 25세로서 같은 사람일 가능성이 상당히 높다. 이것을 마지막으로 우종식의 행적은 나타나지 않는다. 설령 학생 시절 젊은 패기로 나선 짧은 항일의 길이었다 하더라도 사진 속의 형형한 눈빛이 보여주는 그 얼굴은 기억해야 마땅하다.

이억근은 항일활동을 멈추지 않았다. 1935년에는 노동 청년을 모아 비밀리에 독서회를 조직했다가 체포되었으며,[11] 10개월가량 지난 1936년 6월 29일 예심이 종결되었는데, 혐의는 공산주의 서적을 읽고 주변에 전파했으며 1934년 9월 인천에 있는 조선염업주식회사(朝鮮鹽業株式會社) 인부들의 임금인상 요구 동맹 파업을 선동했기 때문이라고 한다.[12]

재판에는 7월 4일 넘겨졌다.[13] 1936년 8월 12일에는 치안유지법 위반으로 경성지방법원에서 징역 8월을 선고받고 1936년 10월 13일 출소했다.

자신의 행동에 대해 이억근은 1934년 11월 17일 경성지방법원 제4호 법정에서 열린 공판에서 "본래부터 공산주의에 대한 것을 철저히 인식하고 그러한 결사를 조직한 것이 아니고 다만 젊은 기운과 굳센 정의감에서부터 사회 현실에 대한 것을 늘 주의해 보는 한편 다만 연구적 태도로서 '클래스메이트(班友)'와 함께 이것을 같이 읽고 이야기 한 것이고 결코 비밀결사를 조직한 것이 아니오"라고 발언했다.[14]

이렇듯 지치지 않은 이억근의 활동은 "작년 9월 중의 인천서 고등계원에게 검거되어 이래 9개월동안을 경성지방법원 인천지청 예심에서 신음중이든 시외 다주면 장의리 이억근(23) 유정 246번지 김흥남(金興男)(24) 동 32번지 전춘봉(全春奉)(25) 등 3인에 대한 치안유지법 위반 사건은 예심이 종결되어 경성지방법원 합의부 공판에 회부되였는데 그들의 사건내용은 주범격인 이억근은 일직부터 조선공산당과 조선적색노조사건에 관계하얐든 박기양

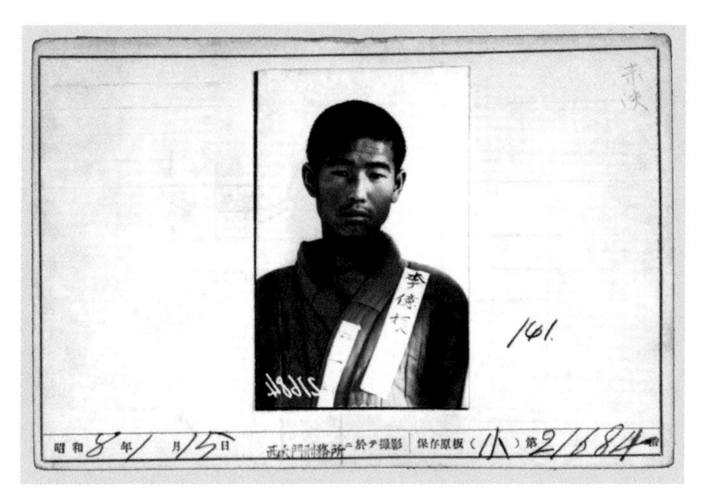

▲ 이억근(1933년 1월 15일 촬영)

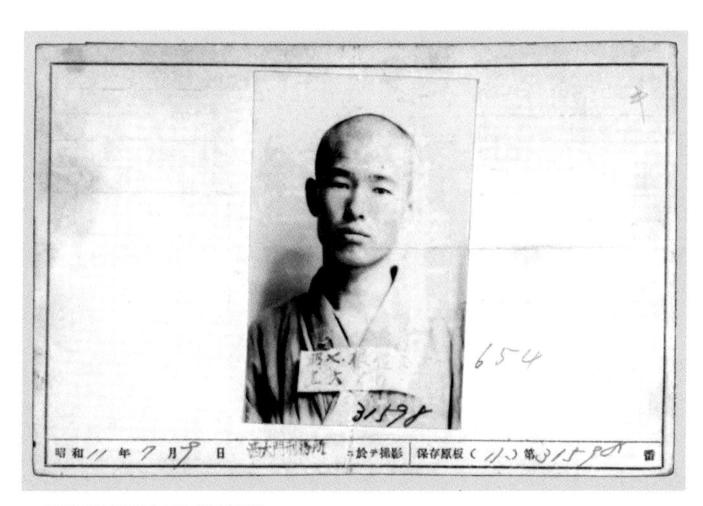

▲ 이억근(1936년 7월 9일 촬영)

(朴基陽) 우종식 등과 뜻을 가치하야 실천운동을 할때는 실로 신출귀몰하게 경찰을 머리아프게 하였을뿐 아니라 홍길동(洪吉童)이란 말까지 듯다가 검거되어 복역을 하고나온후도 역시 동지규합과 실천운동을하며 작년 9월경에는 동지 전춘봉과 연락을 취하야 염업회사(鹽業會社)의 인부를 선동하야 임금인상과 대우개선문제로 파업을 일으키랴든 것이 인천서 고등계원에게 탐지된 사실이라 하며 전기 3인중 전춘봉만은 예심면소가 되었으며 남은 2인은 불인간 경성으로 압송하리라 한다"[15]는 기사가 일목요연하게 전한다.

한동안 사라졌던 이억근의 행적은 해방 뒤 '반민특위' 조사 과정에서 나타난다. 1949년 4월 27일 유동 23번지에 사는 이억근이 반민특위 인천조사부에 증인으로 출석했다.[16] 여기서 이억근은 일제 경찰 전정윤(全正允)에 대해 "약 40일간 유치를 당하고 전정윤, 권오연, 송이원 3인에게 비행 고문, 물먹이 고문을 당하다 송국되어 결국 6개월 언도를 받았습니다."라고 대답했다. 1932년 적색구원회를 함께했던 유천복과는 "동일한 학교를 다녔고 동일한 동내에 거주하였기 때문이고 더욱이 유천복은 비상한 재조와 힘을 가지고 있었는데 상급학교를 못 가는 불운아였습니다. 그래서 소생과 유천복은 누구보다도 밀접히 우리의 모든 현실은 왜놈 때문이라는 의논을 하고 상당한 공작의 의논도 한 처지였습니다." 라고 하며 "소생이 그 당시 서대문형무소에서 복종을 마치고 귀가

한즉 유천복이 서에서 석방되어 병석에 있다는 말을 듣고 방문한 즉 처음에는 생명에까지는 별무 영향은 없는 것 같이 보이더니 5, 6일 후에는 짐이 기울어져가며 유천복 자신이 소생에게 말하기를 전정윤이란 놈 때문에 내가 죽게 되었다고 비창한 말을 되풀이하고 되풀이하였습니다."라고 하여 일제 경찰의 고문이 얼마나 심했는지 증언했다.

또 "그 당시 전정윤, 권오연, 송이원은 인천 청년이 가리켜 〈세 마리의 까마귀〉라고까지 불렀습니다."라고 진술하며 엄중히 처단해야 한다는 생각을 밝혔다. 아울러 왜 그들을 처벌하기 위한 증인 신문에 스스로 나서지 않았느냐는 물음에 "소생은 지금 말씀하신 바와 같이 상당한 고통을 당한 것은 사실이고 심지어는 소생의 부친까지 영향이 미쳐 그 당시 소생의 집은 파산이 되고 말았습니다만 오늘날 신생국가 수립과 동시 그들 자신이 자진 죄과를 자백할 것을 충심 바라는 나머지 금일에 이르렀습니다."라고 대답했다.

3·1운동과 대한민국 임시정부 수립을 맞이한 2019년 광복절도 여느 해 광복절과 다름없이 거리 곳곳에 태극기가 펄럭였다. 한편으로 100주년이라는 상징성 때문인지 여러 지역에서 항일운동과 항일운동가를 조명하는 행사가 많았다. 하지만 알려지지 않은, 게다가 사회주의 계열에서 활동한 투사들을 찾아내고 알리기 위한 노력이 충분했다고 말하긴 어렵다. 인천도 그점에서는 예외가 아

니다. 이억근과 우종식의 얼굴을 마주 대하는 것이 썩 편치 많은 않은 것이다. 만약 이억근이, 우종식이 내 고향 인천은 인천의 항일 투사들을 기억하기 위해 무엇을 했느냐고 묻는다면 부끄럽게도 대답할 말이 없기 때문이다.

"우리가 기념할 5·1절 메이데이가 왔다.
메이데이는 전세계 노동자·농민의 일치단결로
우리를 속박하는 쇠사슬을 끊어내기 위해
전 세계 자본가놈들의 간담을 서늘케 한 국제적 시위일이며 투쟁일이다."

5장

메이데이 격문에 담긴 인천 청년의 꿈 :

정갑용
김만석

1933년 4월 30일 새벽 5시 30분경 인천부 화정(花町)의 조선정미소 창고와 오전(奥田)정미소 창고 사이에서[01] "노동하는 노동자 농민"이란 제목에 이어 "우리가 기념할 5·1절 메이데이가 왔다. 메이데이는 전세계 노동자·농민의 일치단결로 우리를 속박하는 쇠사슬을 끊어내기 위해 전 세계 자본가놈들의 간담을 서늘케 한 국제적 시위일이며 투쟁일이다."로 시작하는 격문 100매 한 묶음이 발견됐다.

메이데이를 맞이하여 노동자, 농민의 궐기를 촉구하는 격문은 그 이전에도 전국 각지에서 여러 차례 뿌려졌기 때문에 인천경찰서에서 특별 경계 중이었는데, 경계에 참가한 인천경찰서 형사가 발견한 것이다.

뿌려진 격문의 명의는 '적색노동조합 기관지'였다. 이 명의를 보고 인천경찰서는 단순한 일회성 격문 살포가 아니라 배후에 비밀조직이 있다고 판단하고 관계자 수사에 열을 올렸다. 그 결과 1932년의 조선인촌주식회사(朝鮮燐寸株式會社) 파업 등등 인천

사회주의 항일투사들의 행적이 하나둘씩 드러났고, 이들이 '인천적색노동조합'을 통해 조직적이고 체계적으로 일제에 저항해 온 것을 확인하게 되었다.

사건 발생으로부터 두 달 가까이가 되는 1933년 6월 21일 경기도 경찰부장이 조선총독부 경무국장과 경성지방법원 검사정 및 각도 경찰부장 등에게 보낸 문서와[02] 1934년 7월 5일 인천경찰서장이 경기도 경찰부장 등에게 보낸 문서[03]에는 이러한 정황을 자세히 기록했다.

여러 명이 관계된 사건이지만 5월 1일 메이데이를 맞아 격문을 뿌린 핵심인 정갑용(鄭甲鎔/鄭甲溶)과 김만석(金萬石)이라는 인천청년을 만날 수 있다. 정갑용은 본적이 인천부 외리(外里) 137번지로 1911년 10월 29일 태어났는데, 출생지는 충남 당진이라는 기록과 본적지라는 기록이 엇갈린다. 인천공립보통학교를 졸업한 뒤 경성의 선린상업학교에 입학, 1931년 졸업했다. 이후 모교의 주선으로 경성부 종로의 운송점 사무원으로 채용되었으나 병 때문에 인천으로 돌아와 사회주의 계열의 '프로문학'에 빠져 결국 사회주의 실천 운동에 몰두하게 되었다고 한다.[04] 김만석은 1912년 11월 15일생으로[05] 본적지는 인천부 송현리 80번지이고 출생지는 본적지와 같다는 기록과[06] 경성이라는 기록이 엇갈린다.[07]

본인의 진술에 기초한 것으로 생각되는 1934년 7월 5일 보고문서에 따르면 경성에서 출생하여 아버지를 따라 포천군으로 이

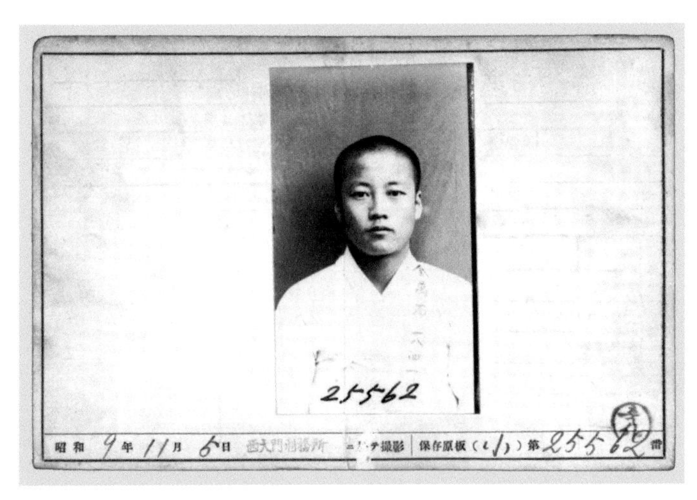

▲ 김만석(1934년 11월 5일 촬영)

사했다가 다시 수원군 안룡면으로 옮겨 1924년 안룡공립보통학교 제2학년에 입학했고 4학년 수료 후 오산공립보통학교로 전학하여 1928년 졸업했다.

보통학교 졸업 후 직장을 찾는 과정에서 인천이 등장하는데, 본적지가 인천이라는 점에서 이미 어떤 인연이 있었던 것 같다. 인천에 와서는 삼본상점(森本商店), 마장정미소(馬場精米所), 김선규상점(金善奎商店) 등을 옮겨 다니며 미곡상 점원으로 근무했다.

가정 형편은 썩 넉넉지 못했던 것으로 보이며 1933년 시점에는 결혼한 상태로 부인이 정미소 직공으로 일하며 딸을 양육했다고 한다. 부친은 김만석이 격문사건 이후 체포를 피해 숨은 때인 1934년 1월 22일 사망했고, 모친은 남동생, 여동생과 어렵게 생활하고 있었다.

김만석의 인생을 바꾸는 계기는 1930년 1월에 찾아왔다. 당시 삼본상점 직원으로 일하던 김만석은 금곡리 소재 조선요리점 복영루(復永樓)에서 열린 인천노동조합 정기총회와 다음 날 다시 외리 신흥관(新興館)에서 열린 인천의 사상단체 간담회를 방청했는데 이 두 회의에서 나온 이야기들이 큰 울림을 준 것이다.

인천노동조합 간부였던 권평근의 소개로 조합에 가입하여 주로 그의 지도를 받는 한편 조합에 있는 공산주의 관계 출판물을 독파하며 자신의 생각을 구체화해 가면서 실천 방안도 고민한 것으로 보인다. 변수가 된 것은 권평근의 체포와 정갑용과의 만남이었다.

1931년 7월, 권평근이 산업별노동조합 사건에 연좌되어 검거되자 경찰의 시선 내에 있는 인물과 교유해서는 불리하다는 것을 알고 애써 그들과의 교유를 피해 자택에서 공산주의 연구에 몰두하던 중 정갑용[08]과 만나게 되어 의논 끝에 메이데이 격문살포를 제안한다.

김만석은 1933년 4월 18일 정갑용과 두 번째 만났을 때 5월 1일 메이데이를 맞아 살포할 격문 원고를 받고 등사판 제작과 인쇄방법을 협의한 뒤 돌아와 스스로 원고 일부를 수정한다. 그리고 인천에서 등사를 할 경우 쉽게 발각될 것을 우려해 4월 22일 저녁 수원군 안룡면 안녕리에 사는 보통학교 동창생 백봉흠을 찾아가

▲ 정갑용(1933년 6월 3일 촬영)

자신의 계획을 말하며 격문 등사를 의뢰했다.

이때부터 수원과 인천을 오가는 고생을 마다치 않은 백봉흠의 노력이 없었다면 김만석의 계획은 성공하지 못했을 것이다. 제안을 받고 승낙한 백봉흠은 같은 마을에 사는 친구 윤성복, 성후영과 함께 4월 25일 아침부터 4월 26일 새벽 3시까지 격문 400매를 등사했고, 같은 날 아침 10시부터 윤성복과 둘이서 200매를 등사했다.

4월 27일 오후 2시에 등사한 격문 600매를 신문지에 싼 뒤, 상자에 넣어 병점역을 출발해 수원역에서 내려 인천행 버스로 갈아타고 인천부 유정 김선규미곡상 앞에서 하차, 그 부근 길에서 김만석을 만나 직접 건네주었다.

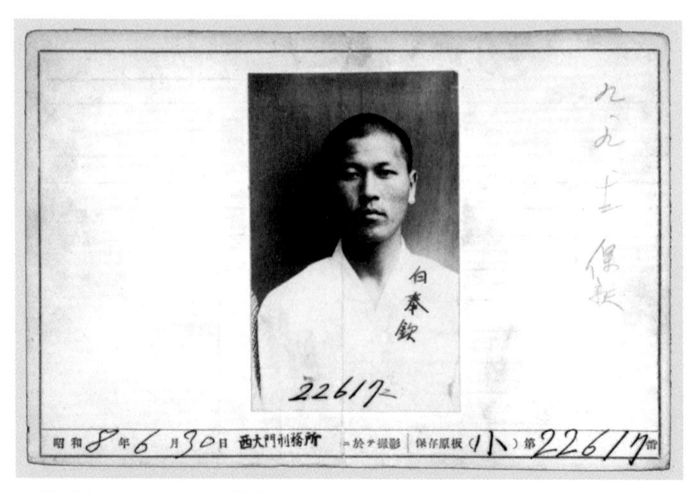

▲ 백봉흠(1933년 6월 30일 촬영)

이때 김만석은 작은 수첩 용지 두 장에 슬로건을 적은 원고를 주며 등사를 부탁했고, 백봉흠은 밤 10시 55분발 열차로 인천을 출발해 노량진에서 1박하고 수원 집으로 돌아갔다. 집으로 돌아와 할머니가 돌아가셨다는 것을 알게 되고 그 와중에 슬로건 등사가 어렵다는 뜻을 전화로 김만석에게 전했지만, 가능한 한 해달라는 연락을 받고 4월 29일 오전 11시경부터 오후 2시 사이에 슬로건이 적힌 격문 약 250매를 등사하여 신문지로 포장하고 다시 보자기로 싸서 같은 날 오후 2시 병점역을 출발해 오후 6시 수원 화성자동차회사의 버스에 승차하여 인천에 이르러 김만석에게 건넸다.

할머니의 별세로 경황이 없는 속에서도 친구와 한 약속을 지키기 위해 고군분투한 백봉흠의 속마음은 어떠했을까? 할머니가 돌아가신 친구에게 가급적 꼭 등사해 달라고 부탁하는 김만석의 마음은 또 어떠했을까?

백봉흠의 조력 덕에 격문을 마련한 김만석은 앞서 언급했듯이 4월 30일 새벽에 집을 나가 몇몇 곳에 뿌렸다. 조선정미소 쓰레기통과 인천부두 세관 구내 길가도 그중 하나다. 100매를 하나로 묶어서 뿌렸다는 것에서 볼 때 메이데이를 맞아 경찰의 경계가 심했기에 낱장으로 여러 군데 뿌리는 게 불가능했을 가능성이 커 보인다. 다른 알 수 없는 사정이 있을 수도 있다.

일제 경찰 문서에는 추가 수색을 통해 모두 845매를 압수했다는데, 백봉흠이 김만석에게 등사해서 건넨 격문 전체가 850매였으므로 사실상 일반에 유포되지 못한 해프닝에 가까운 사건이었는지도 모른다.

하지만 해프닝이라고 하기에는 여파가 컸다. 일제 경찰 당국은 조직사건으로 확대하여 대대적인 관계자 검거에 나섰고 1차적으로 정갑용과 백봉흠을 비롯해 11명을 체포하여 그중 5명을 기소 의견으로, 4명을 기소유예, 2명은 불기소 의견으로 검사에게 사건을 넘겼고, 검사는 정갑용과 백봉흠 두 명만 기소하고 나머지 9명은 모두 불기소 처분했다.

사건을 과장한 일제 경찰의 의도가 보이는 대목이다. 검거 선풍을 예감했는지 김만석은 5월 4일부터 행적을 감췄고, 1934년 5월

26일 전라남도 광주에서 영등포경찰서 형사들에게 체포되기까지 1년 동안 도피 생활을 했다. 6월 4일 인천경찰서로 인도되어 심문을 받았는데, 인천을 떠나 충청북도 청주, 경기도 용인, 강원도 금강산 등을 거쳐 1933년 9월경 경성으로 들어가 노동에 종사했다고 한다. 1934년 3월경에는 영등포로 나와 맥주회사의 일용인부로 일했으며, 4월 29일 영등포경찰서의 일제단속을 미리 알고 육로로 전남 광주로 가서 예배장 공사장 인부로 일하다 체포되었다.[09]

仁川赤色勞組 三名에 判決

인천적색노동조합사건의 정갑용(鄭甲容)등 三명에 관한 치안유지법위반 언도공판은 三十一일오전경성지방법원에서 다음과 같은 언도가 잇엇다한다.

鄭甲容(二七) 二年半 (未決三百日通算)
金萬石(二七) 一年半 (未決六十日通算)
白泰敏(二七) 一年半 (未決六十日通算=四年間執行猶豫)

▲ 정갑용, 김만석 재판 기사(〈동아일보〉 1935년 2월 1일)

김만석은 단순히 일제 경찰의 검거를 피해 다니기만 한 것이 아니었다. 1934년 3월 영등포에 머물 때 보통학교 동창 김창식으로부터 전에 알던 홍화순(당시 16세)과 최경창(당시 17세)이란 두 여성이 안양에 있는 조선직물주식회사의 여공으로 입사했다는 것을 듣고 3월 10일 그 공장에 가서 최경창을 만나 자신의 포부를 밝히며 때때로 찾아와 지도하겠다는 의지를 밝혔다.

2~3일 후 다시 방문할 것을 약속했는데, 형편이 여의치 않자 병으로 방문할 수 없다는 취지의 통신을 보냈고, 두 명은 위문금으

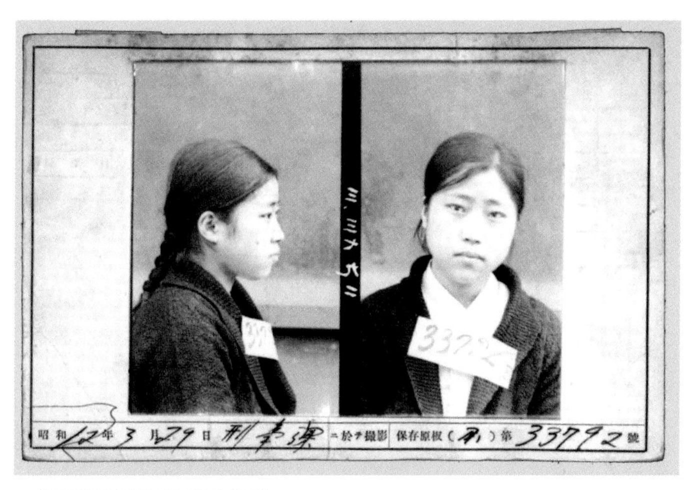

▲ 최경창(1937년 3월 29일 촬영)

로 3엔을 김만석에게 보냈다. 그 돈으로 카프(조선프롤레타리아 문학동맹) 7인의 작품집과 《니콜라이 레닌전》, 《사회주의와 부인문제》, 《부인문제와 본질》 등 책 네 권을 구입해 먼저 읽은 뒤 홍화순과 최경창에게 보내기도 했다. 이런 의지에 영향을 받은 것인지 홍화순은 1934년 4월 28일 조선직물 안양공장에서 감독이 직공 홍봉순(洪鳳順)을 때리는 걸 목격한 뒤 갖고 있던 연습장을 찢어 "잘못이 없는 우리들을 매일같이 감독놈들이 때리고 있으니 동맹파업을 단행하자"고 써서 직원들의 출입이 가장 많은 식당 입구에 붙이기도 했다. 검거로 이어졌음은 물론이다.

세 사람은 1935년 1월 31일 경성지방법원에서 치안유지법과 출판법 위반으로 정갑용 징역 2년6월, 김만석 징역 1년6월, 백봉흠 징역 1년6월에 집행유예 4년을 받았다.[10] 1936년 5월 31일 서대문형무소를 나온 이후 이들의 행적은 찾기 쉽지 않다. 해방 이후 독립신문에는 세 차례 조소앙(趙素昂) 선생이 이끈 삼균주의(三均主義) 청년동맹과 조선사회당 관계자로 정갑용이 등장하는데[11] 동일인물인지는 더 확인해 봐야 한다. 김만석은 오리무중이다.

정갑용과 김만석은 거의 독학으로 사회주의를 공부했고, 그 사회의 실현을 위해 행동에 나섰다. 생각해 보건대 순수하고 열정적인 청년이었을 것이다. 그들이 꾼 꿈은 격문의 내용을 볼 때 노동자, 농민의 봉기를 통한 일본제국주의 타도와 공산사회 건설이었다. 세상 물정 모르는 식민지 조선의 젊은 청년이 가진 '치기 어린' 꿈이었는지도 모른다.

하지만 식민지 조선에는 정갑용, 김만석과 같은 꿈을 꾼 '치기 어린'청년이 한둘이 아니었다. 인천에도 무수한 정갑용, 김만석이 저마다 꿈을 실현하겠다는 의지로 감시와 탄압속에서도 식민의 거리를 누볐다. 그 꿈이 옳은지 그른지는 논외로 하더라도 수많은 정갑용, 김만석이 식민지 인천의 거리를 때로는 긴장감 속에, 때로는 울분을 품고, 때로는 좌절감을 안고 다녔다는 사실을 기억하는 게 우선이 아닐까?

심만택의 혐의는 7월 6일에 인천에서 기차를 타고
황해도 한포역으로 가는 도중 오후 6시 10분경 기차가 금교역에 도착했을 때
동승한 승객들이 만보산사건에 관해 이야기하는 것을 듣고
'만보산사건과 같은 중국인의 조선인 압박을 근본적으로 해결하기 위해서는
일본제국주의를 타도해야'한다고 말했다는 것이 전부다. 소위 '치안 방해'다.

6장

조·중 갈등의 원인은 일본제국주의다! :

권문용
김성규
이창식
심만택

1931년 10월 26일 경성지방법원 형사 제1부 법정에서 재판이 열렸다. 치안유지법 위반, 보안법 위반, 소요 죄목으로 22살에서 33살 사이의 인천사람 여섯 명이 그 자리에서 섰다. 사건은 그해 7월로 거슬러 올라간다.

1931년 7월 2일 중국 길림성 장춘 만보산에서 조선농민과 중국농민의 충돌이 과장되게 알려져 7월 3일부터 인천에서도 화교를 배척하는 일이 벌어진다. 폭력이 동원된 행위에 여러 명이 체포되고 재판을 받았다.[01]

그런데 시내가 안정되어가던 7월 5일 뜬금없이 인천경찰서에서 인천노동조합 회관을 찾아 관계자를 체포한다. "이번 사건의 발생 당초부터 사상단체에는 등한시하는 동서(인천경찰서)가 노동조합 방면의 검속을 개시함은 먼저 검속당한 사람들을 취조 중에 무슨 단서를 얻은 모양으로 사건은 의외의 중대화할 모양같다"[02]라고 하여 인천의 화교배척사건과 사상단체를 엮으려는 시도가 이루어지고 있음을 알 수 있다.

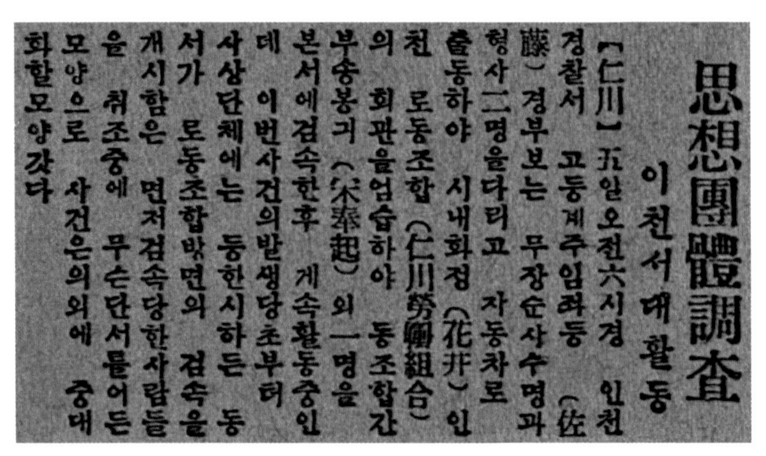
思想團體調査

이천서대활동

【仁川】五일오전六시경 인천경찰서 고등계주임좌등(佐藤) 경부보는 무장순사수명과 형사二명을다리고 자동차로 출동하야 시내화정(花井)인천 로동조합(仁川勞働組合)의 회관을엄습하야 동조합간부송봉긔(宋奉起) 외一명을 본서에검속한후 계속활동중인데 이번사건의발생당초부터 사상단체에는 동한시하든 동서가 로동조합밧면의 검속을 개시함은 먼저검속당한사람들을 취조중에 무슨단서를어든 모양으로 사건은의외에 중대화할모양갓다

▲ 인천 사상단체 조사 기사(〈매일신보〉 1931년 7월 7일)

연이어 같은 신문에는 '각 사상단체의 간부 등 인치'[03], '인천의 검거 아직도 계속 중'[04], '과반 소동의 부수확 인천서 중대사건'[05]이라는 제목의 기사가 이어진다. 또 인천노동조합원 이수봉을 체포하기 위해 일본 대판에 갔던 인천서 형사가 7월 27일 오후에 이수봉과 함께 인천으로 돌아왔다는 내용도 있다.[06]

조선총독부 기관지인 매일신보는 1931년 9월 이후 인천의 화교 배척사건을 보도하면서 주로 시민들의 자연발생적인 감정에서 발생한 사건은 '인천충돌소요사건'(9월 3일), '인천소요사건'(9월 23일), '인천소동사건'(12월 1일)으로 표현하고 있으며, 사상단체 간부 검거 관련 사건은 '인천중대계획사건'(9월 24일), '인천의 불온계획사건'(9월 24일), '인천방향전환사건'(10월 27일)으로 표현

해 명확히 구분하고 있다.

일본어로 발행한 〈조선신문〉 1931년 9월 4일 기사 제목 '선지인(鮮支人) 충돌사건을 내지인(內地人) 습격 전환의 음모'처럼 내용은 단순하다. 선지인, 즉 조선인(朝鮮人)과 당시 중국인을 가리키는 지나인(支那人) 사이에서 벌어진 충돌의 방향을 돌려 중국인 대신 내지인인 일본인을 습격하려고 꾀한 음모로 인천의 사상단체 구성원들이 체포된 것이다.

이때 체포되어 재판까지 받은 사람이 권평근(權平根), 권문용(權文容), 이창식(李昌植), 김성규(金聖圭), 이수봉(李壽奉), 심경원(沈敬元)의 여섯 명이다. 이중 권평근을 제외한 다섯 명이 〈일제감시대상인물카드〉에 기록을 남겼다.

권문용은 1906년생으로 본적은 인천부 도산정(桃山町) 28번지이고 주소는 우각리(牛角里) 14번지인데, 이 기록은 1934년 9월에 치안유지법 위반으로 체포되었을 때의 것이고, 1931년 재판기록에는 본적지와 주소가 모두 도산정 28번지라고 한다.

1932년 6월 27일 인천경찰서장이 경기도 경찰부장과 경성지방법원 검사정 앞으로 발송한 '적색노동조합원의 행동에 관한 건'이란 제목의 보고문서에는 노동자의 생활안정을 위해 권충일(權忠一)이 주도한 적색노동조합 설립에 참여해 부두인부와 정미직공으로 나뉜 부문 중 김기순(金基順)과 함께 부두인부 야체이카(세포조직)의 책임자가 되었다고 한다.

▲ 권문용(1934년 5월 29일 촬영)

이 조직은 1931년 7월의 화교배척 사건이 발생하기 직전인 1931년 6월 5일 저녁 7시경 신화수리(新花水里)에 있는 권충일의 집에서 이루어졌는데, 이때 망설이는 김기순을 강력하게 설득한 이가 권문용이었다고 한다.

권문용은 소위 '인천중대계획사건'으로 인한 치안유지법 위반으로 징역 1년 6월을 선고받았으니, 대략 1933년 초에 출감했을 것으로 추정된다. 출감 후에도 활동은 계속되어 1934년 3월 일제가 작성한 치안정황의 부록, 중요한 단체표에는 여전히 인천부 화정 1정목 10-19번지 소재 인천노동조합의 간부로 나온다.[07] 이 기록을 마지막으로 더 이상 권문용의 행적은 찾을 수 없는데, 1930년대 중반 이후 일제의 사상, 노동단체에 대한 탄압이 극심해졌음을 감안하면 당연한 것일지도 모른다.

김성규는 1899년 6월 7일생으로 본적은 인천부 율목리(栗木里) 152번지, 출생지는 경성부, 주소는 인천부 화정(花町) 19-20번지라 했는데, 재판기록에는 본적이 율목리 152번지라 했다. 기록상의 단순 착오로 볼 수 있을 것 같다. 직업은 정미직공이고 키는 대략 159cm 정도이다.

1931년 8월 5일 서대문형무소에서 수인복을 입고 찍은 사진 속의 얼굴은 미결수로 수감된 상황 때문인지 왠지 힘이 없어 보이나 그 삶은 달랐다. 소위 '인천중대계획사건'으로 인한 소요죄로 징역 3년을 선고받고 1934년 10월 25일 출소했다.

조선공산당을 재건하기 위한 기초 작업으로 이승엽이 인텔리 중심의 노동운동에서 벗어나 노동자 중심의 노동운동을 위해 인천에 산업별노동조합을 조직하자고 주창하자, 거기에 호응해 1931년 4월 18일과 20일 2회에 걸쳐 인천부 율목리 최영화(崔榮化)의 집에서 이승엽, 권평근, 이홍순과 만나 방향을 논의한 핵심 인물이 김성규다.[08]

또 1931년 5월 1일 메이데이를 맞아 경계 중이던 경찰이 인천청년동맹 화정반(花町班) 칠판에 불온 낙서가 있어 집행위원 '김성규(金聖奎)'를 소환해서 조사했다고 하는데,[09] 여기에 나오는 김성규의 한자(漢字)가 다르지만 당시 신문에 같은 사람의 한자를 다르게 쓰는 경우가 많아 동일인물로 보인다.

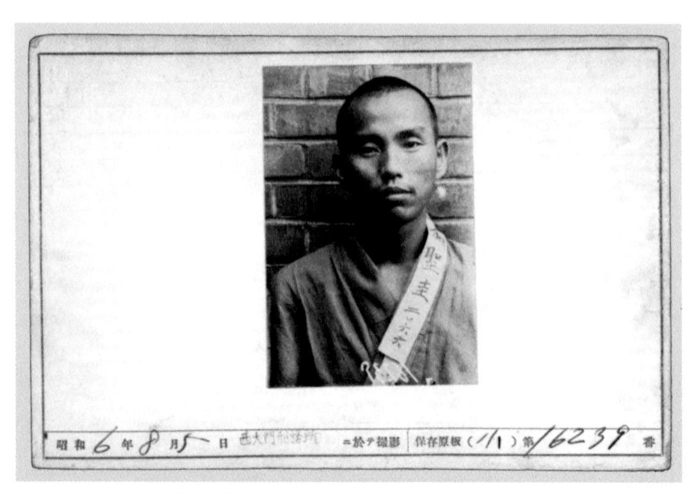

▲ 김성규(1931년 8월 5일 촬영)

김성규의 행적을 처음 확인할 수 있는 것은 1924년 5월 17일부터 19일까지 인천 빈정(濱町) 가부키좌에서 인천노동연맹회가 주최한 노동연주대회에 기부금을 낸 것이다.[10] 1925년 5월에 인천노동총동맹회에서 회계문제로 추정되는 내분이 발생하여 회계검사위원 5명이 고소를 당했다는 기사가 있는데, 여기에 고일과 김성규가 포함되어 있다.[11] 1925년 7월에는 일제의 탄압으로 정기총회와 집행위원회 개최를 금지당한 인천노동총동맹에서 호별방문 등으로 임시집행위원 21명을 선출하였는데, 유두희, 이승엽, 고일 등과 함께 김성규도 그중 한 명이었다.[12]

이듬해인 1926년 7월 19일 오후 8시에 인천청년연맹에서 열려던 임시대회를 당국이 금지하자 대신 상무위원회를 열어 집행부를 개선했는데 이때 집행위원 10명 중 한 명이 김성규였다. 함께 개선된 사람 중에 상무위원으로 고일, 조준상, 이승엽이 있고, 검사위원으로 유두희가 있다.[13]

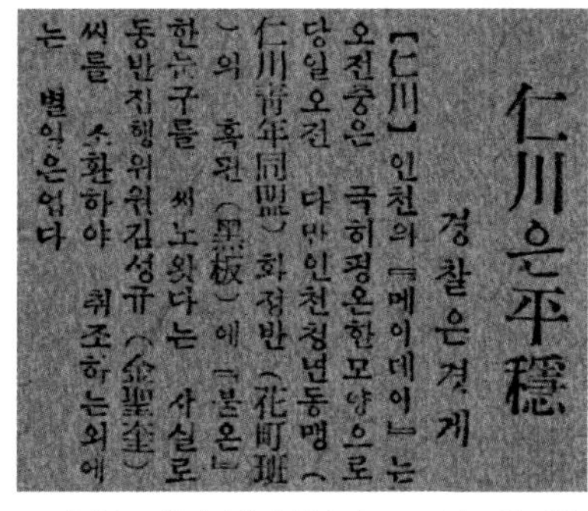

仁川은平穩

경찰은경계

【仁川】 인천의 『메이데이』는 오전중은 극히평온한모양으로 당일오전 다만인천청년동맹(仁川靑年同盟) 화정반(花町班)의 흑판(黑板)에 『불온』한문구를 써노왓다는 사실로 동반집행위원김성규(金聖奎)씨를 소환하야 취조하는외에는 별일은업다

▲ 김성규 소환기사(〈매일신보〉 1931년 5월 2일)

1927년 3월 20일 오후 1시 30분에 인천부 외리(外里) 애관(愛館)에서 인천청년동맹 발회식을 성대히 개최하고 집행부를 구성했는데, 조준상, 고일과 함께 김성규도 위원이 되었다.[14] 이로 보아 김성규는 20대 초중반부터 이승엽, 유두희, 고일, 조준상 등 인천의 노동계, 청년계 인사들과 교유하면서 본격적으로 활동을 시작해 점차 그 폭을 넓혀간 인물로 보인다. 1948년 8월 25일 남한지역 조선최고인민회의 제1기 대의원 선거에서 선출된 대의원 중에 김성규가 있는데 동일인물 여부를 확인할 필요가 있다.[15] 만약 동일인물이라면 해주에서 열린 회의에 참석했을 것이고, 그렇다면 북한에서 살았을 가능성도 있다. 앞으로 조사할 부분이 많은 인물 중 한 명이다.

이창식(李昌植)도 잊어서는 안 되는 중요한 인물이다. 〈일제감시대상인물카드〉에 따르면 1904년 11월 9일생으로 본적과 출생지는 황해도 연백군 은천면(銀川面) 구암리(龜岩里) 222번지이고,

주소는 인천부 화평리 152번지다. 키는 167cm가량이며 직업은 없다고 했다. 이창식은 인천노동연맹 간부로서 1929년 원산총파업 때 인천에서 인부를 모집해서 파업을 무력화시키려는 원산상업회의소의 의도를 간파하고, 인부들이 원산에 가서는 안 된다고 가두연설한 혐의로 인천경찰서에 체포되어 구류 15일 처분을 받았다.[16] 같은 해 9월 3일 오전에도 인천경찰서 고등계에 체포되었는데, 그때는 인천청년동맹 위원장이었으며 소환된 이유는 경찰의 집회금지에도 불구하고 9월 1일 국제청년기념일에 모여 기념촬영을 했다는 것이다. 이때 모두 6명이 소환되었는데 그중 한 명이 인천청년동맹 위원 이승엽이었다.

1931년 7월 인천에서 화교배척 사건이 발생하자 신간회 인천지회의 곽상훈, 인천노동조합 간부 권충일과 함께 인천청년동맹 간부로서 가장 먼저 체포되었으며,[17] 체포 직전인 7월 1일 인천무도관 창립 4주년 기념 유도경기에 참가해 3급으로 진급하는 성적을 거두기도 했다.[18] 1934년 3월 일제가 작성한 치안 관련 중요단체표에는 "본 동맹은 사회진화원칙에 근거해 추진함, 본 동맹은 조선청년대중의 정치적, 경제적, 사회향상을 꾀하며 단결을 공고히 함, 본 동맹은 기회주의를 배격함"이란 취지로 1927년 설립된 인천청년동맹의 집행위원장으로 임원의 첫머리에 이름이 나오며, 내용에서도 "집행위원장 이창식은 1933년 9월 만기출소하였고, 그 후 동정을 주시 중"이라 했다.[19] 한달 뒤인 4월 25일에는

▲ 이창식(1931년 8월 15일 촬영)

5월 1일 메이데이를 맞이한 예방 차원으로 유두희와 함께 검거되었으므로,[20] 이창식의 동정을 주시한다는 말은 말로 그치지 않았음을 알 수 있다. 이수봉, 김점권, 심만택도 인천청년동맹의 임원이었으므로 그들의 앞에서 활동한 이창식의 비중이 결코 작지 않다.

권문용과 김성규, 이창식 등이 계획했다는 소위 '인천 방향전환 사건'의 선고 결과는 권문용 징역 1년 6월, 이창식 징역 2년, 김성규 징역 3년, 이수봉 징역 2년 6월, 심만택 징역 6월에 4년 집행유예였다.[21] 진실 여부는 앞으로 더 규명해 가야겠지만, 당시 재판기록에 나타난 이들의 계획은 매우 담대했다.[22]

우선 이들은 1931년 4월에 이승엽과 만나 이승엽이 제안한 조선공산당 재건을 위한 산업별 노동조합 조직에 찬성하고, 1931년 4월 26일 오후 8시경 인천부 화정 1정목 화장장 뒷산에 모였다. 이 자리에서 5월 1일의 메이데이를 맞아 투쟁계획을 세웠는데, 권평근이 〈전조선무산대중에게 격함〉이란 제목의 격문 및 〈만국 노동자 단결하여 메이데이를 사수하고 일본제국주의를 타도하자〉, 〈조선민족 독립만세 5월 1일을 조선독립의 기념일로 만들자〉 등의 슬로건 10여 항을 기재한 격문을 작성했고, 이창식이 이것을 인쇄했다.

권평근은 적백의 큰 깃발에 각각 호소를 작성해서 백기 하나에 〈일본제국주의 타도〉라고, 또 다른 하나에 〈조선민족 자유해방 만세〉라고 각각 큰 글씨로 쓰고, 격문은 메이데이 전날인 4월 30일 밤에 인천부내에 살포했다.

메이데이 당일은 권문용이 인천노동조합원을, 이창식이 인천청년동맹원을, 권평근이 기타 노동자, 청년, 소시민, 학생 등을 권유해서 우각리 이항구(李恒九) 별장 부근 산에서 집합하여 야유회를 개최하고, 그들을 인솔해서 앞의 적백의 큰 깃발을 양 기둥으로 세우고 혁명가를 크게 부르며 또 조선민족만세를 외치며 인천부내를 순행하며 격문을 살포하는 계획도 세웠다.

6월 10일을 제2 조선독립 및 공산운동의 기념일로 삼자는 권평근의 기안에 기초해 이창식이 격문을 인쇄하고 또 적색의 큰 깃발 4개, 백색 큰 깃발 2개 및 작은 깃발 500매를 작성해서 그 백기 및 작은 종이 깃발에는 이창식이 슬로건을 적고 6월 10일 당일 이 깃발을 양쪽으로 벌려 세우고 다수 군중을 이끌고 인천부내를 행진하려 했다. 또, 5월 19일 또는 20일경 권평근과 이창식은 화장장 뒷산에서 만나 권평근이 〈6·10 기념일을 맞아 전조선민중에 격함〉이란 제목으로 조선민족의 자유와 주권을 일본제국에 빼앗긴 지 이미 20년을 경과했으므로 전조선민중은 일치단결해서 자유와 주권 획득을 위해 일본제국주의와 싸워야한다고 쓴 격문 초안과 〈일본제국주의를 타도하자, 6·10기념을 사수하자, 조선민족자유해방만세〉 등의 슬로건을 기재한 격문 초안을 이창식에게 건넸다.

1931년 7월 2일 만보산사건이 발생하고 다음 날인 7월 3일 오전 1시 30분경 이후 인천 곳곳에서 조선인들이 중국인의 집을 습격하는 시위가 일어나자, '만보산 참화의 죄는 중국이 아니라 일본제국에 있다'는 판단에서 김성규와 권문용은 가등정미소 직공에게 이런 이유를 설명하여 조선의 독립을 꾀하고자 일본인 거리인 궁정(宮町)의 일본인을 습격하려고 모의했고, 권평근과 이창식은 7월 5일 오후 8시 인천공회당에서 개최하는 신간회 인천지회, 인천청년동맹, 인천노동조합 주최의 시국연설회를 이용하여 그 석상에서 권충일로 하여금 만보산사건 참화의 원인은 중국인이 아니라 오히려 일본정부에 있다는 취지의 연설을 하고 임석한 경찰관이 중지를 명령할 때, 거기에 대해 이창식이 청중의 면전에서서 "일본의 악법에 반대하자"라고 절규하고 체포되면, 권평근이 "조선독립만세"를 고창하고 청중의 분위기를 살펴 6·10기념운동을 위해 준비한 작은 깃발을 나눠주어 인천부내를 행진하는 치밀한 계획도 세웠다.

1931년 7월 4일 밤 용리(龍里) 조선냉면집 평양관 부근에서 약 200명의 조선인이 부근 중국인 포목상한테서 포목을 꺼내고 그것을 전봇대 및 가로수 사이에 종횡으로 묶어 기마경찰의 순찰을 방해한 뒤 부근 중국인 한약상, 잡화상, 포목상 점포를 향해 돌을 던져 창문과 문을 파괴하고 신정(新町) 중국인 야채시장을 습격하려고 성난 소요를 일으켰다. 이때 김성규는 이 군중 속에 있으며, 부근의 일본인이 방관하는 것을 목격하고 "저 놈들을 때려 죽이자"라고 여러 번 큰소리로 외치며 일본인 마을 습격을 선동해 일부 군중은 궁정 방면으로 몰려가다 통로에 해당하는 외리 경찰관 파출소 앞에서 차단당했다.

그러나 사실상 방향전환 사건은 하나의 구실이고, 1931년 봄부터 인천에서 벌어진 산업별노동조합 조직을 와해시키기 위해 여러 사건을 하나로 묶어낸 것으로 생각된다. 이수봉은 당시 인천에 없었고, 심만택은 전혀 다른 장소의 다른 일로 엮였기 때문이다.

당시 경찰은 1931년 7월 10일 신간회의 곽상훈, 인천노동조합의 권충일, 인천청년동맹의 이창식 등 단체 간부를 시작으로[23] 7월 11일 오전까지 16명을 검거했고, 122명을 유치했다.[24] 심만택

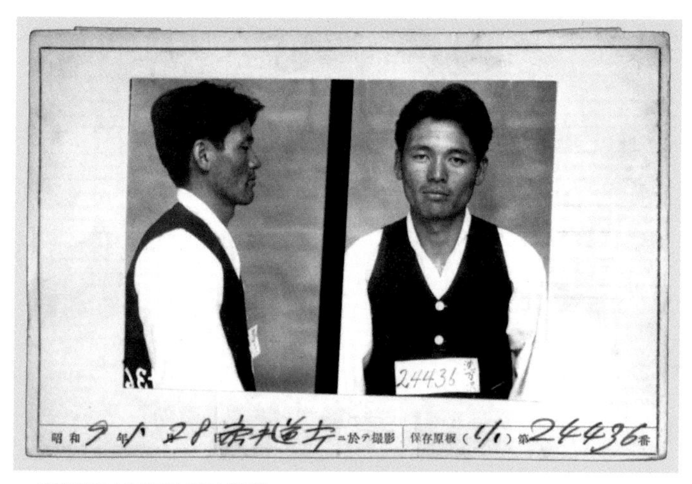

▲ 심만택(1934년 5월 28일 촬영)

도 이 과정에서 체포된 것으로 보인다. 무혐의로 석방된 다른 이들과 달리 7월 21일에 권충일, 권평근, 김성규 등과 함께 경성지방법원 검사국에 송치되었고, 당일 오후 1시 6분 동인천역 출발 열차로 호송되어 서대문형무소에 수감되었다.[25]

같은 해 10월 26일 본명인 심경원(沈敬元)으로 재판을 받았는데, 다른 이들이 징역형을 받고 수감된 것과 달리 징역 6월에 집행유예 4년을 받고 석방되었다.[26] 애초에 경찰이 무리하게 사건을 엮었기 때문이다. 심만택의 혐의는 7월 6일에 인천에서 기차를 타고 황해도 한포역으로 가는 도중 오후 6시 10분경 기차가 금교역에 도착했을 때 동승한 승객들이 만보산사건에 관해 이야기하는 것을 듣고 '만보산사건과 같은 중국인의 조선인 압박을 근본적으로 해결하기 위해서는 일본제국주의를 타도해야' 한다고 말했다는 것이 전부다.[27] 소위 '치안 방해'다.

석방된 심만택의 활동은 1935년 4월 전보현(田甫鉉) 등이 인천 동양방적을 중심으로 노동운동에 나선 소위 '인천적색그룹'사건 조사 과정에서 드러난다. 이 사건의 지도자인 전보현이 사회주의 사상을 갖게 된 계기가 1932년 무렵부터 심만택과 교유한 때문이라는 것이다.[28] 20대 초·중반을 주로 인천청년동맹과 인천노동조합을 중심으로 활동하면서 자신의 신념을 주변에 적극 전파하려 노력했던 인물로 보인다. 그리고 뜻밖의 사건에서 존재를 드러낸다.

1936년 9월 10일 현재의 남동구 수산동인 남동면 발산리 288번지 최춘문(崔春文)의 집에 인천경찰서 형사들이 들이닥쳤다. 집 안을 뒤져 좌익서적을 찾아냈고, 스물한 살 청년 최춘문은 꼼짝없이 연행되었다. 자신이 교사로 근무하던 발산리 농촌진흥회 부설 야학교에서 빈부격차의 문제 등을 14세 이하 어린이에게 가르친 혐의였다.[29]

부친이 규모 있는 자작농으로 중류 이상의 생활을 했고, 최춘문을 야학교사로 추천하여 채용한 사람이 남동면장이었다니 당국으로서도 곤혹스러운 사건이었으리라. 그래서인지 처음에는 한 청년의 '일탈'처럼 보도되었다. 하지만 일제 경찰은 달리 보았다. 경찰이 주시하던 한 인물이 최춘문을 '선동'한 사건이었다.

6남매의 장남으로 1930년 부천공립보통학교(현 문학초등학교)를 졸업하고 1931년 4월 야간으로 운영되던 인천공립상업보습학교에 입학한 최춘문은 화평리 82번지에서 하숙하며 낮에는 삼신기선(森信汽船)의 급사로 일했고, 밤에는 학교를 다녔다. 1933년 졸업 후 1년 정도 인천공립청년훈련소를 다녔고, 이후 집으로 돌아와 농사에 종사하며 야학교사로 일했다.[30]

하숙을 시작하던 1931년 봄에 근처에 살던 한 사람을 알게 되었고, 이듬해 7월에는 그가 건네준 《레닌과 간디》를 탐독했다. 1932년 10월에는 동인천역 인근의 야시장에서 스스로 《무산계급문학론》, 《시험관 속의 사회주의》 등의 책을 사서 읽기도 했다.

한동안 끊겼던 만남은 1935년 8월 중순에 그 사람이 최춘문의 야학을 방문하면서 재개되었다. 만남 이후 최춘문이 야학 학생들에게 세 차례에 걸쳐 빈부격차가 없는 러시아를 소개하며 공산주의를 선동했고, 같은 해 10월 20일 또는 11월 야학 개설 1주년 기념 축하식에서는 간도의 조선농민이 약간의 빚 때문에 중국인 지주에게 구타당하고 딸 2명을 납치당하던 걸 조선인 소작인들이 습격하여 데려오는 연극을 공연해서 참석자 100여 명에게 큰 감동을 주었다는 것이 사건의 개요다.

최춘문의 배후로 일제 경찰이 지목한 사람이 바로 심만택이다. 심만택은 1910년생으로 본적과 주소가 모두 현재의 화수동인 신화수리(新花水里)다. 국사편찬위원회에서 《소화사상통제사자료

(昭和思想統制史資料)》를 정리하여 제공한 자료에 따르면 본명이 심경원(沈敬元)으로 경성고보 2년을 중퇴했고, 일본 대판에서 유학하다가 중도 귀국했다고 한다.

아마도 10대 후반의 학창시절을 통해 사회주의 사상을 수용하여 실천 활동에 나선 인물이 아닐까 싶은데, 신문기사에는 1931년부터 행적이 드러난다. 인천청년동맹 화평리반에서 임시대회를 열 계획이었는데, 인천경찰서에서 내용이 불온한 안내문을 허가 없이 배포했다 하여 집회를 금지하고 안내문 작성에 관련된 인물 두 명을 소환했다고 한다. 이때 소환된 두 명 중 한 명이 인천청년동맹 집행위원 심만택이다.[31]

최춘문 관련 문서에는 1935년 9월 23일부터 중국 천진(天津)의 일본 조계에서 생활했으며 1936년 3월에는 부인 김도순(金道順)도 천진으로 불렀다는 것으로 보아 1930년대 후반에는 중국에 있었던 것으로 추정된다. 다만 중국 생활이 언제까지 이어졌는지는 확실치 않다.

해방 후 심만택은 인천에서 '민주주의 민족전선'(민전)의 관계자로 활동했다. 1947년 2월 민전 인천시위원회에서 구성한 3·1운동 기념 준비위원회의 총무 담당으로 나오고,[32] 1948년 4월 9일 지명수배 중이던 심만택이 평택에서 체포되어 인천경찰서로 송치되었는데 이때는 인천민전 서기국장이었다.[33]

1949년 심만택은 인천시를 발칵 뒤집어 놓았다. 1949년 9월 15

沈(萬澤)에 10年懲役

曺外五名은無罪言渡

市內富豪南勞資金調達事件

三십만시민의 이목을집중하고있던세칭시내부호남노자금 조달사건연도공판은 작廿五일상오十一시반부터 서울지방법원 인천지원대법정에서 김(金正烈)재판장주심 신(申得俊)검사입회아래 합의제로개정되였다 그리하여 김재판장으로부터 판결문낭독에이어 본사건의주동인물인 심(沈万澤)에 국가보안법(國家保安法)제一조一호를적용하여 十년징역을 언도하였으며 조(曺辯吉)외五명에대하여는 각각무죄(無罪)를 언도하였다 그런데 동판결에대하여 담당검사신(申得俊)씨는 즉시 공소(控訴)할것을 언명하였다 그리고 피고들의구형과언도는다음과같었다

被告	求刑	言渡
沈万澤	十二年	(十年)
조辯吉	三年	(無罪)
車今悅	三年	(〃)
李興龍	三年	(〃)
張光澤	三年	(〃)
金世鎬	三年	(〃)
金桂鳳	三年	(〃)

▲ 심만택 재판기사(〈대중일보〉 1949년 11월 26일)

일 경기도 경찰국장이 기자회견을 열어 인천의 대표적 부호(富豪) 중 7명이 남로당에 자금을 지원했다는 충격적인 사실을 밝혔는데, 이 사건의 주동자로 심만택이 지목되고 징역 12년을 구형받았다가[34] 재판에서 징역 10년의 중형을 선고받은 것이다.[35] 진실은 알 수 없지만, 돈을 낸 부자들이 무죄인 것으로 보아 당시 재판에서는 심만택의 강요에 따른 지원으로 판단한 것 같다. 판결 이후 심만택이 어떻게 되었는지는 알 수 없다.

일제강점기에는 치열한 항일운동가였고, 해방 후 펼쳐진 남북 분단과 좌우 대립의 과정에서는 좌익에서 활동했다. 인천뿐만 아

니라 국내 항일운동가 중 이런 사람이 적지 않으므로 특별하다고는 할 수 없다. 분단이 가져온 비극이 투영된 삶이라고도 할 수 있다. 해방 후 심만택의 입장을 옹호할 수 없지만 기록이라는 점에서는 가볍게 지나칠 수 없는 인물이다.

인천은 해방 후 산업화 과정에서도 노동의 도시였다.
그 뿌리가 일제강점기에 있음은 부정할 수 없다.
다만 공장 터와 건물, 업종만이 아니라
안에서 노동자의 생존권 쟁취와 일제 타도와 조선독립을 외쳤던
수많은 인천 청년들의 함성이
인간다운 삶을 확보하기 위한 노동조합 결성,
노동자 생존권 확보 및 사회 민주화와 평화통일을 바라는
현대의 함성으로 이어졌음도 잊지 말아야 한다.

7장

동방을 항일의 거점으로 :

전보현
한창희
한태열
박화옥
허차길
남궁전
김환옥

인천의 노동운동에 대해 관심 있는 사람이라면 '동방(東紡)'이란 말을 들어봤을 것이다. 1930년대 동양방적(東洋紡績)으로 시작해 1950년대 동일방직(東一紡織)으로 이어지며 일제강점기와 1970년대 노동운동의 상징이 된 공장이다. 국적과 시간을 달리한 회사였으나, 터와 노동자의 처지는 같았다. 다른 이름의 두 회사를 줄이면 모두 '동방'이 되니 우연이라기엔 기이하다.

1935년 4월 4일, 경기도 경찰부장은 조선총독부 경무국장 등에게 "인천 적색(赤色)그룹사건 검거에 관한 건"이란 비밀 보고문서를 보낸다. 여기에 따르면 1930년대의 신화적인 사회주의자 이재유(李載裕) 그룹의 사건을 수사하던 중 관계자인 이인행이 인천의 공장 활동을 위해 인천 활동가를 접촉했다는 진술을 했고, 이 진술을 토대로 관련자를 수사해 "별개의 비밀결사가 존재하며 상당히 과감하게 운동을 전개하고 있다는 단서"를 찾게 되었다고 한다.

일제 경찰은 이 비밀결사가 '인천적색그룹'이라며 계통도를 그

렸는데, 권영태 → 김근배 → 전보현(田甫鉉)으로 이어지는 지도선을 중심으로 산하에 객우친목회, 안양그룹, 동양방적그룹, 독서회의 네 개 부문을 두었다고 봤다. 아울러 소위 '프로핀테른'의 지도를 받는 '범태평양노동조합(태노)'의 지역 결사라는 의미로 '태노계'란 표현을 썼다. 조사를 거듭해 동양방적 뿐만 아니라 유마정미소, 가등정미소, 인천철공소 등 인천 내의 유력 공장을 무대로 항일운동에 나선 일군의 인천 청년들을 확인했다.[01]

여기에 1915년 전후에 태어난 인천의 청년들이 주축으로 참여했다. 그중에 국사편찬위원회의 〈일제감시대상인물카드〉에서 몇몇 사람의 얼굴을 볼 수 있다. 이 그룹의 지도부 격인 '적색위원회'에는 전보현과 한창희(韓昌喜), 한태열(韓泰烈) 등의 이름이 나온다.

전보현은 인천 지역 책임자로 추정되는데, 1914년 5월 8일생이니 1935년 체포 당시는 20대 초반의 청년이었다. 본적과 출생지는 인천부 화평리(花平里) 213번지이고, 주소는 인천부 신정(新町) 54번지로서 키는 160cm 남짓이다. 인천공립보통학교 5년 수료 후 제등(齊滕)합명회사 인천출장소 급사, 동양방적공장 임시인부로 생활하던 중 1932년 11월경부터 윤기홍, 심만택과 알게 되어 공산주의 사상에 공감하게 되었다고 한다.

1933년 봄부터 실천운동에 나섰고, 1934년 1월경 동양방적 직원 한창희를 알게 되어 함께 활동하기로 했으며 1934년 4월 중순

▲ 전보현(1935년 촬영)

부터 같은 해 8월 상순까지 한창희, 박영선 등과 두 사람의 집 및 인천 동공원(東公園 : 현재의 인천여상) 등에서 여러 차례 만나 일본제국주의 절대 반대, 전조선노동자 농민의 해방, 일본제국주의 아래서 신음하는 식민지 조선 무산계급에 대한 계급의식 교양·훈련 등을 강령으로 삼는 '인천적색그룹'이란 이름의 비밀결사를 결성했다고 한다.

이 결사의 강령은 "1. 일본제국주의 절대반대, 1. 전조선 노동자 농민의 해방, 1. 일본제국주의 아래서 신음하는 식민지 조선의 무산계급에 대한 계급의식을 교양훈련할 것, 1. 동양방적을 중심으로 의식분자를 획득할 것"이고 자금부, 조사부, 고려부, 조직부를 부문으로 두었으나 아직 소수인 결사의 규모를 고려해 자금부만 책임으로 한창희를 배치했다.

실천수칙은 "1. 매월 2회씩 회합 협의할 것, 1. 사상연구를 위해 좌익서적을 구입하고, 그 비용으로 매월 10전씩 각출할 것, 1. 비밀 절대엄수"였다.

1934년 8월 초순경 전보현은 황해도 해주에 가서 적화공작에 종사하기로 결정하고 출발 전날 인천 축항 부근의 동양헌 냉면집에서 박영선과 한태열을 만나 앞으로 인천의 운동은 박영선, 한창희, 한태열, 이성래가 지도하여 전인천공장에 파급시킬 것을 당부하고 인천을 떠났다.

해주에 가서 그곳 서변면 용당리 소재 유마정미소에 고용되어 정미인부로서 작업에 종사하던 중 적화공작의 한 수단으로서 정미소 인부 50여 명을 선동하여 동맹파업을 감행했는데, 관할 해주경찰서에서 알아채서 파업의 주모자로 지목되어 약 1개월간 구속 엄중 취조를 받으면서도 완강히 사실을 부인하여 석방되기도 했다. 적색그룹사건의 재판 결과는 징역 2년 반이었고,[02] 출소는 1938년 4월 19일이다.

한창희는 모두 세장의 인물카드가 있는데, 1916년 5월 27일생으로 본적, 주소는 모두 인천부 신화수리(新花水里) 310번지로서 키는 160cm가량이라는 기록과 172.5cm라는 기록이 있어 차이가 크다.

1930년 3월 인천공립보통학교 졸업 후 같은 해 4월에 인천남상

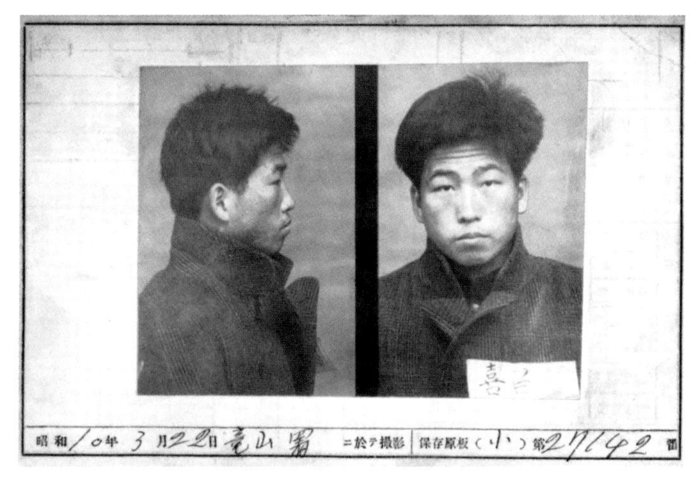

▲ 한창희(1935년 3월 22일 촬영)

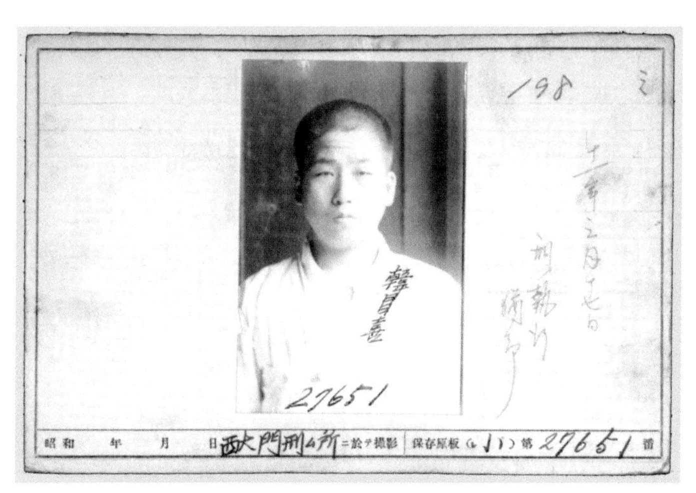

▲ 한창희(1935년 촬영 추정)

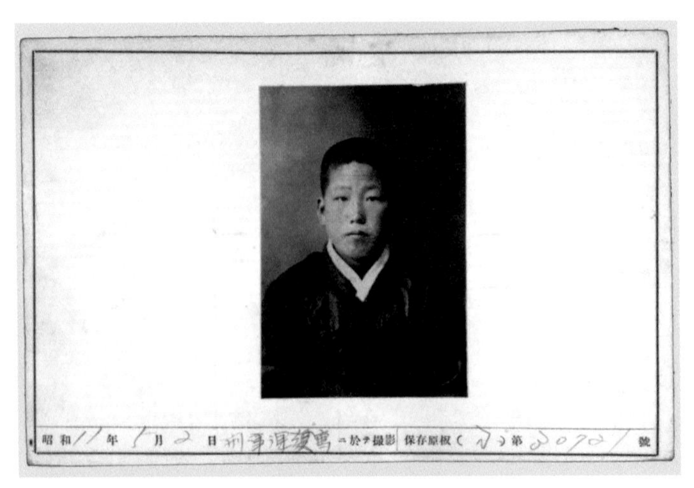

▲ 한창희(1936년 5월 2일 복사)

업학교에 입학했는데, 1년 만에 중퇴하고 일본 대판 항구(港區)의 길원(吉原) 얼음상점에 배달부로 취직했었다고 한다. 1931년 8월 중순부터는 동양방적회사 인천공장에서 일했는데, 1933년 12월에 전보현을 알게 되고, 전보현의 지도에 감명을 받아 적극적으로 항일과 노동운동에 나섰다.

그 뒤 1935년 1월 중순 이후 동양방적의 동료들인 한동수, 박윤식, 강치안, 박화옥, 이기창, 조경호, 김영묵 등과 해안통 중화루 부근의 중국 빵집에 모여 동양방적 내 적색위원회란 비밀결사를 구성하여 적극 투쟁하기로 하고, 같은 해 2월 하순까지 인천관측소 뒷산, 수도국 뒷산 등에서 여러 차례 만나 비밀결사의 부문과 책임자를 결정했다고 한다. 이때 한창희는 자금부의 책임을 맡았는데, 동양방적 적색위원회의 구성 역시 전보현과 협의한 결과로 추정된다. 1936년 3월 17일 열린 선고공판에서 징역 2년에 집행유예 4년을 선고받았다.[03] 집행유예니 당일 석방되었는데, 잠깐 동안 노동운동과는 거리가 있는 듯한 행보를 보인다. 즉 1936년 5월 31일 조선중앙일보 인천지국의 후원으로 열리는 '현상 청년남녀 웅변대회'에 '우리의 환경과 남녀일치'라는 제목으로 연설한다든가,[04] 같은 해 6월 24일 오후 1시부터 인천체육회가 주최하고 매일신보 인천지국이 후원하는 전선씨름대회 이틀째 경기에서 우승했다.[05] 또 1936년 7월 28일 인천무도관에서 열린 승급전에서 1급으로 승급했다.[06]

이런 행보가 출소 직후에 경찰의 감시를 피하기 위한 의도적인 것인지 아닌지는 분명치 않지만 집행유예 4년이란 부담을 갖고 있는 입장이고, 동지들이 수감 중인 점을 보면 때를 기다리는 처세였던 것으로 생각된다. 왜냐하면 해방 후에도 활동이 이어지기 때문이다. 1946년 4월 14일 열린 서울 민주주의민족전선 결성대회 제2일 차에 상임위원 150명 중 한 명으로 선임되었고,[07] 1949년 11월 3일에는 약칭이 민애청(民愛靑)인 조선민주애국청년동맹 영등포구 위원장으로서 국민보도연맹에 자수했으며,[08] 같은 내용을 전하며 전 민주주의민족전선 영등포위원장이라고 한 기사도 있다.[09] 이로 보아 해방 전후에 서울로 옮겨 활동한 것으로 보이는데, 구체적인 이유는 물론 자수 이후 생사에 대해서도 확인할 수

昭和 10 年 4 月 5 日 西大門刑務所ニ於テ撮影 保存原板（[illegible]）第 27725 番

▲ 한태열(1935년 4월 5일 촬영)

昭和 11 年 5 月 2 日 [illegible]ニ於テ撮影 保存原板（[illegible]）第 [illegible] 番

▲ 한태열(1936년 5월 2일 복사)

있는 자료는 없다.

한태열은 1914년 1월 30일생으로 본적과 주소는 인천부 사정(寺町) 25번지, 출생지는 함경남도 원산으로 체포 당시 직업은 없었으며, 키는 대략 170cm 전후이다. 인천박문보통학교 출신으로 1929년 4월 휘문고등보통학교에 입학했다가 1933년 7월 4학년으로 중퇴했다. 그해 12월경 전보현과 알게 되어 《프롤레타리아 정치학입문》, 《사회주의 리얼리즘》 등의 서적을 빌리게 된 것을 계기로 좌경사상에 흥미를 갖게 되었다고 전보현의 지도 아래 항일운동 실천운동에 나섰다고 한다.

한태열은 인천적색그룹 적색위원회의 한 명으로 독서회를 지도하는 역할을 맡았으며 자신이 독서회 구성원이기도 했다. 한창희와 함께 직접 동방 노동자들과 함께 활동한 사람으로 추정되며, 전보현의 지도를 받았던 것으로 보인다. 전보현이 해주로 떠나기 전날 따로 한태열을 불러 앞으로의 인천 운동을 당부한다거나 그 당부에 따라 인천에 사는 하수복, 최영빈, 노학식, 이창환 등에게 《전기(戰旗)》, 《농민의 어제와 오늘》, 그 밖에 여러 좌익서적을 대여, 돌려가며 읽게 했으며 한결같이 공산주의 사상의 지도교양에 노력했다는[10] 한태열의 모습에서 서로 깊이 신뢰하고 의지하는 사이였음을 추측할 수 있다. 재판에서는 징역 1년 반에 집행유예 3년을 선고받았다.[11]

박화옥(朴化玉)은 1912년 1월 28일생으로 본적과 출생지는 전

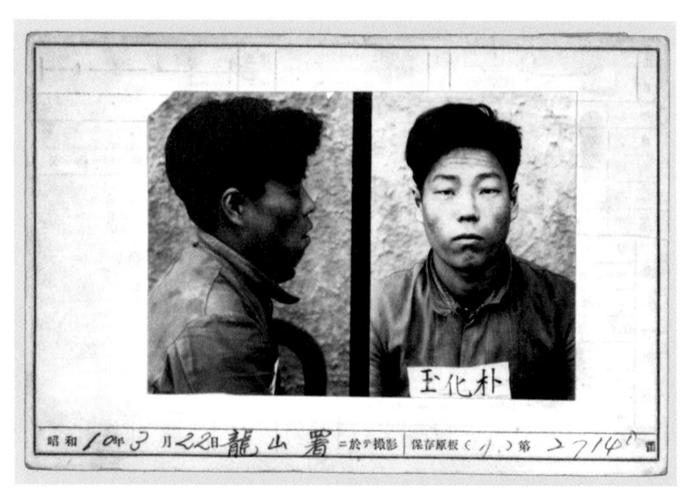

▲ 박화옥(1935년 3월 22일 촬영)

라남도 나주군 나주읍 대호리(大湖里) 548번지이고, 주소는 인천부 만석정(萬石町) 12번지다. 주소가 만석정 13번지 13호라는 기록도 있어[12] 어느 한쪽의 착오로 보인다.

박화옥은 유년기에 4년간 한문을 수학하고 1934년 5월 동양방적회사 인천공장의 인부로서 취직 중 박영선을 알게 되고 박영선의 지도를 받아 좌익서적을 탐독하고 이론 연구에 힘쓰는 한편 그 실현을 기획하던 중에 사건에 참여하게 되었다고 한다.[13]

박화옥은 인천적색그룹 적색위원회(전보현, 이정래, 박영선, 한창희, 이창환, 한태열)의 동양방적그룹의 구성원으로 한창희의 지휘를 받는 한편, 객우친목회(客友親睦會)의 구성원으로 박영선의 지휘도 받았다.[14]

1935년 1월 중순 이후 동양방적 내의 한창희, 한동수, 박윤식, 강치안, 이기창, 조경호, 김영묵 등과 해안통 중화루 부근의 중국 빵집에 모여 동양방적 내 적색위원회란 비밀결사를 구성하여 적극 투쟁하기로 하고, 같은 해 2월 하순까지 인천관측소 뒷산, 수도국 뒷산 등에서 여러 차례 만나 비밀결사의 부문과 책임자를 결정했는데, 이때 박화옥은 이성래가 책임을 맡은 고려부(考慮部)의 부원이 되었다.[15] 이런 기록을 보면 소위 인천적색그룹에서 상당한 열의를 갖고 참여한 것으로 보이는데, 1935년 4월 5일 경성지방법원 검사국에서 기소유예 처분을 받고 석방되었다.[16]

이 사건 관계자로 남궁전(南宮塡)과 허차길(許次吉)도 있다. 〈일제감시대상 인물카드〉에 따르면 허차길은 1913년 4월 22일생으로 본적, 출생지, 주소 모두 인천부 신화수리(新花水里) 166번지이다. 체포 당시 직업은 운송부원이고 키는 165cm 정도이다. 허차길 역시 가난한 집에서 태어나 인천공립보통학교 5년을 중퇴하고 일본인 가정의 고용인과 일용인부로 일하다가 그 후 삼정물산(三井物產) 계열의 염업조합(鹽業組合) 급사로 채용되었다. 1935년 1월 그 조합의 운송부 사무원으로 승진해 근무하고 있었는데, 같은 동네에 사는 인천청년회원 배후원(裵厚源)이란 사람으로부터 공산주의에 대한 교양을 받아 의식을 높이고 실천운동에 가담하게 되었다고 한다.[17]

남궁전은 1913년 5월 15일생으로 본적과 출생지, 주소는 모두 인천부 신화수리(新花水里) 229번지이다. 키는 157cm이고, 체포 당시 직업은 종업원이다. 인물카드에 남궁전구(南宮塡九)라는 이름으로 등록되어 있으나, 카드를 작성하는 과정에서 생긴 착오로 이름은 남궁전이고 구(九)는 수형번호 954번의 첫 번째 숫자이다.

남궁전은 가난한 집에서 태어나 어린 시절 서당과 야학을 다니며 보통학교 5년 정도의 학업 수준을 쌓았는데, 거기에 만족하지 않고 독학으로 공부를 계속하던 중 환경 문제로 사회제도에 대한 불만을 가지고 실천운동에 몸을 던지게 되었다는 일제 경찰의 평가가 있다.[18]

이 두 사람의 행적은 서로 연결되어있는데, 1933년 10월경 지흥성(池興成)의 소개로 서로 알게 된 후 허차길이 자기 집에서 남궁전에게 공산주의 실천에 관한 교양을 했고, 1934년 4월에는 이성래의 지도 아래 적색독서회를 만들어 같이 활동했으며, 1935년 1월에는 두 사람이 주축이 되어 동지들과 협의한 결과 유마정미소에 허차길을 지도자로, 남궁전이 전체 책임 및 정미부의 책임, 현미부 책임 성낙춘, 기계부 책임을 이봉남이 맡는 적색그룹을 결성해서 동지획득에 힘썼다고 한다. 남궁전은 1934년 8월경부터 약 20회의 야학회를 만석정에 개설하여 농민독본 등을 교재로 좌경의식을 심어줬고, 같은 해 11월경에는 자택에서 자신을 지도자로 하는 적색독서회를 개최하였으며, 1935년 2월 26일에는 검거의 위기에 처한 동지 이성래(李成來)에게 도피자금 1원을 건넸다

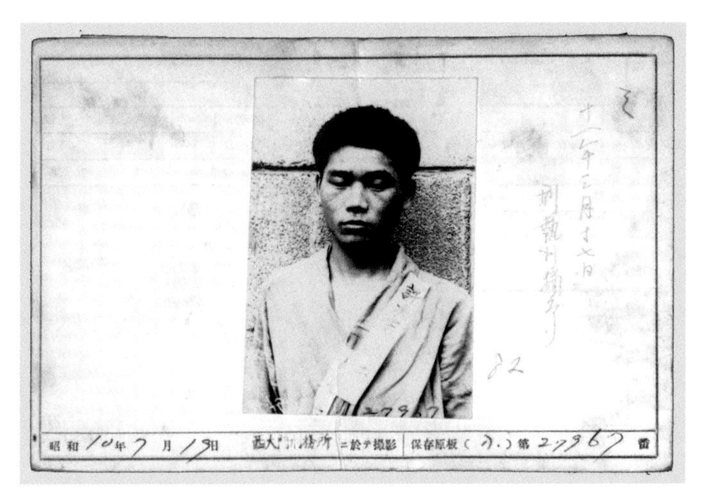

▲ 허차길(1935년 7월 19일 촬영)

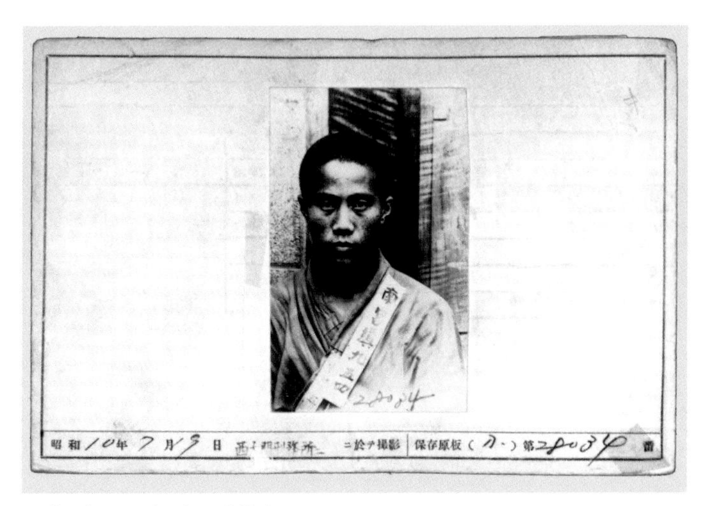

▲ 남궁전(1935년 7월 19일 촬영)

고 한다.[19]

동갑내기이자 가장 친밀하게 활동을 함께 한 두 사람은 1936년 3월 10일 오전 11시부터 경성지방법원 제4호 법정에서 열린 공판에서 각각 징역 2년형을 구형받았고,[20] 3월 17일 열린 선고공판에서 남궁전은 징역 2년을, 허차길은 징역 2년에 집행유예 4년을 선고받았다.[21] 집행유예를 선고받은 허차길은 당일 석방되었으나, 징역형을 받은 남궁전은 1937년 12월 26일이 되어서야 출소했다.[22]

김환옥은 1914년 11월 17일생으로 본적과 출생지, 주소는 모두 부천군 다주면(多朱面) 용정리(龍亭里) 30번지다. 현재의 미추홀구 용현동으로 키는 154cm이고, 체포 당시 직업은 종업원으로 기록되어 있다.

그의 생애는 모교 인천고등학교 총동창회에서 '동일방적과 인천철공소 적색노조 투쟁을 지도'라는 제목으로 소개했는데,[23] 1927년에 인천상업학교에 입학해서 1930년에 퇴학당했다고 한다. 다만 1930년 인천상업학교 동맹휴업사건 관계자 중에 김환옥이란 이름은 없어 추가 조사가 필요하다.

김환옥은 인천적색그룹 사건 이전인 1933년에 최덕룡, 이억근, 신수복 등이 관련된 적색구원회 사건 관계자로 활동을 보인다. 경찰 문서에 기록된 본적은 부천군 다주면 용정리 32번지고 주소는 인천부 송현리 87번이며 직업은 메리야스공장 점원이다. 활동 내

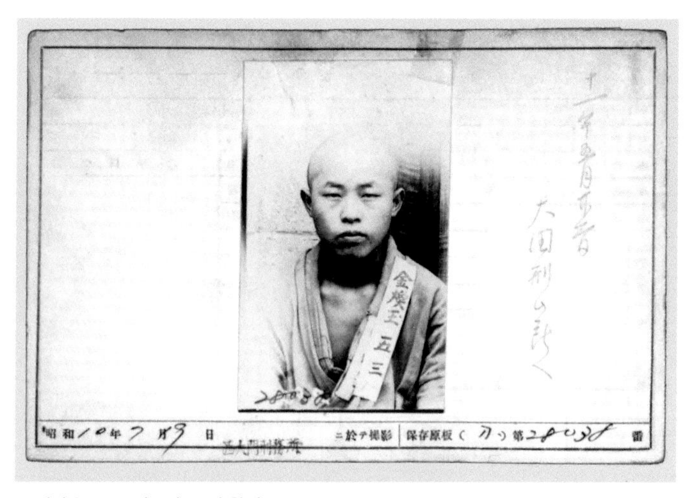

▲ 김환옥(1935년 7월 19일 촬영)

용은 1932년 4월 어느 날 인천부 외리의 김기양 집에서 최덕룡, 김기양, 이억근, 유천복과 만나 적색구원회 및 적색독서회 조직을 결의하고 구원부를 담당했다는 것과 1932년 10월 초순 경 최덕룡, 강선학과 각국공원 산십제사(山十製絲) 별장 앞 잔디밭에서 만나 독서회 개최 시 경찰의 감시를 피하기 위해 이동하며 만나기로 하고 1932년 12월 말경 국전일웅(菊田一雄)이 쓴《사회는 어떻게 될까》를 참고서로 각국공원, 문학산, 인천축항, 월미도 등에서 수십 회 만나 야외독서회를 했다는 것이다.[24]

인천적색그룹사건으로 체포되었을 때는 인천철공소의 철공이었으며, 1934년 8월경 조운상(趙運相)의 소개로 적색그룹의 제안자이자 지도자인 김근배를 만나 의기투합한 뒤 인천철공소와 가등정미소를 담당하며 적극적으로 동지를 만들기 위해 활동했으며, 1935년 2월 초순에는 송림리와 금곡리에 방 한 칸씩을 얻어 아지트로 삼아 실천운동을 준비 중이었다고 한다.[25]

다른 이들과 달리 해방 뒤에도 일부 활동이 보이는데, 무허가 집회로 검거되었다가 석방되어 나오던 형무소 앞에서 다시 검거되었다가 1947년 3월 17일에 기소유예로 석방된 전평(全評), 즉 '조선노동조합전국평의회 간부 네 명 중 한 명으로 나온다.[26] 의연히 노동운동에 종사한 것이다.

인천적색그룹 사건에는 의문점이 여럿 있다. 전보현 등을 중심으로 하는 활동과 허차길, 남궁전, 김환옥의 활동이 서로 연결되어있었는지, 별개의 활동을 과장하여 조직 사건으로 확대해 엮어 낸 음모가 있었던 건 아닌지 하는 점 등이다. 인천은 해방 후 산업화 과정에서도 노동의 도시였다. 그 뿌리가 일제강점기에 있음은 부정할 수 없다. 다만 공장 터와 건물, 업종만이 아니라 그 안에서 노동자의 생존권 쟁취와 일제 타도와 조선독립을 외쳤던 수많은 인천 청년들의 함성이 인간다운 삶을 확보하기 위한 노동조합 결성, 노동자 생존권 확보 및 사회 민주화와 평화통일을 바라는 현대의 함성으로 이어졌음도 잊지 말아야 한다.

신수복과 한영돌에게 일제는 공통적으로
'조선독립과 공산주의' 사상을 가졌다고 표현했다.
이들이 품은 공산주의 사상의 실상은
'사유재산제도'의 철폐를 통한 노동자, 농민의 생존권 확보,
다시 말하면 극심한 빈부격차의 해소에 초점을 둔 것이다.
현재와 같은 이데올로기로 이 당시의 사회주의를 보기보다는
항일의 수단과 생존권 확보의 도구로서 바라보는 게 실상에 더 가깝지 않을까?

8장

전국을 뒤흔든 공산청년동맹, 그 속의 인천 청년 : 신수복 한영돌

1930년대 초·중반은 조선공산당을 재건하려는 움직임이 여러 사람, 여러 방면에서 있었다. 그와 관련한 사건 중 하나로 '조선공산청년동맹 재건사건'이 있다. 1931년 6월 소련 모스크바의 국제공산청년동맹으로부터 지령을 받은 정태옥, 강목구, 오기섭이 각각 경성, 함흥, 부산을 중심으로 조직 활동에 나서 인천에서 활동한 내용이 나온다. 여기에 따르면 정태옥이 인천을 왕래하면서 신수복(愼壽福). 우종식(禹鍾植), 이억근(李億根) 등과 접촉하여 1932년 8월 1일에 '반전(反戰)데이' 격문을 인천부내에 뿌리고, '공산청년인천조직준비위원회'라는 비밀결사를 조직했다고 한다.[01]

일제강점기 여러 사건이 그러하듯, 인천에 국한해 놓고 보면 이 사건 역시 의문점이 여럿 있다. 매일신보에 주요 구성원으로 언급된 우종식과 이억근은 평양사범학교의 독서회 사건으로 따로 재판을 받았고, 기사에는 이름이 없는 한영돌(韓永乭)이 재판에서는 인천의 주요인물로 등장한다.[02] 일제 통치에 불만을 가진 젊은 청

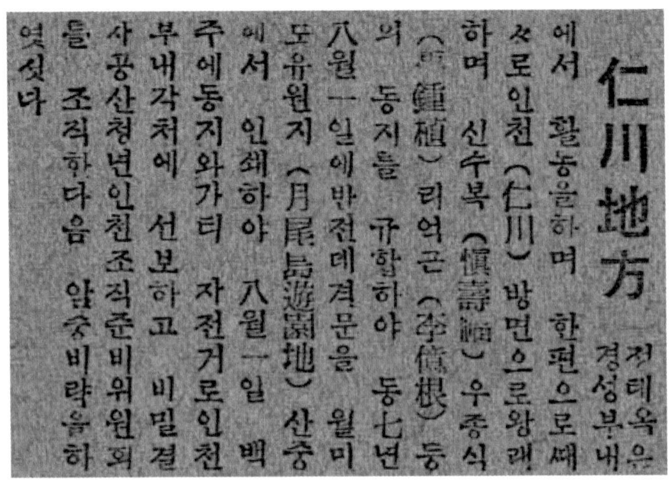
仁川地方

정태옥은 경성부내에서 활동을하며 한편으로때〃로인천(仁川)방면으로왕래하며 신수복(愼壽福)우종식(禹鍾植)리억근(李億根)등의 동지를 규합하야 동七년八월一일에반전데격문을 월미도유원지(月尾島遊園地)산중에서 인쇄하야 八월一일 백주에동지와가티 자전거로인천부내각처에 선보하고 비밀결사공산청년인천조직준비위원회를 조직하다음 암중비략을하엿섯다

▲ 공산청년동맹 인천지방 기사(〈매일신보〉 1934년 10월 10일)

년들을 옭아매기 위한 과장된 사건이었을 개연성을 배제하기 어렵다. 어쨌든 이 사건으로 두 명의 인천 청년이 오랜 구금과 조사 끝에 징역형을 선고받아 수감생활을 하게 된다. 신수복과 한영돌이다. 1935년 10월 25일 함흥지방법원에서 열린 1심 재판에서 두 사람 모두 징역 5년형을 받았다.[03] 형기에 포함하는 구류가 200일이라는 점에서 체포에서 재판까지 6개월 이상 걸렸음을 알 수 있다.

두 사람을 포함해 18명이 같은 달 29일 경성복심법원에 항소했는데,[04] 한영돌은 1936년 2월 7일 항소를 취하해 1심형이 확정되었고,[05] 신수복은 1937년 6월 30일에 열린 2심 재판에서 징역 3년으로 감형되었다.[06]

신수복은 1915년 1월 7일생으로 재판 문서에는 본적과 주소가 인천부 외리(外里) 232번지라 했는데, 1938년 5월 2일 경기도 경찰부장이 신수복의 동향을 파악하여 보고한 문서에는 본적이 인천부 경정(京町) 102번지로, 주소가 경정 97-6호로 나온다. 외리의 바뀐 이름이 경정이니 번지의 차이는 있으나 현재의 경동에서 태어나 산 것은 틀림없다.

체포 당시에 문방구 상인이었으며, 인천공립보통학교를 졸업하고, 경성기독교청년학관(YMCA) 고등과를 중퇴했다.[07] 평소 조선독립에 관심을 가져 또래 청년들과 활발히 교유한 것으로 보이는데, 1932년 '메이데이격문사건 관계자 검거의 건'에 따르면 1932년 3월 어느 날 자신의 집에서 안문식, 정갑용, 이억근 등과 모여 국제적색구원회(Mopr) 인천 조직을 만들었을 때 참여하여 교양부를 맡았다.[08]

1933년 3월 14일 자로 인천경찰서장이 경기도 경찰부장 등에게 보고한 '적색구원회 및 독서회 사건 검거에 관한 건'을 보면 구원회 관계자들의 검거 등으로 활동이 원활치 않자 여러 차례 새로운 사람들과 개편해 갔는데, 1932년 10월에 결성한 제3차 적색구원회에서는 신수복이 대표에 해당하는 '책임'을 맡았다.[09] 적색구원회는 항일과 사회주의 활동을 하다 어려움에 처한 사람들을 돕기 위한 목적으로 만든 후원조직이다.

공산청년동맹과 연결되는 활동의 시작은 1932년 6월 15일경

▲ 신수복(1935년 12월 4일 촬영)

인천부 도산정 이두천 집에서 안문식의 소개로 정태옥을 만난 게 계기가 되었다. 이때 두 사람은 1932년 5월 메이데이 투쟁으로 세력이 약해진 인천적색노동조합 조직운동에 가담할 것을 협의했고, 같은 해 7월 15일경에도 월미도 모씨 집에서 정태옥을 만나 인천방면에서 8월 1일 반전데이 투쟁격문을 작성 살포할 것을 협의했다. 협의에 따라 신수복은 정태옥에게 이억근과 우종식을 소개했고, 이들의 도움을 받은 정태옥은 7월 30일부터 31일 사이에 월미도공원 빈 창고 뒤에서 '노동자 농민 피압박대중 살육전 제2차 제국주의전쟁 반대 8·1투쟁으로 타도하자'라는 제목의 일본제국주의 타도, 제국주의 전쟁 반대, 소비에트 동맹, 중국소비에트 사수, 조선공산당, 공청, 적색노조 재건만세 등의 슬로건을 게

재한 조선코뮤니스트 적색노동조합재건 투쟁위원회 명의의 격문 약 100매를 등사해 8월 1일 우종식에게 약 60부를 지나정에 살포케 하고 자신은 약 40부를 인천부두를 비롯해 부내 일원에 살포했다. 정태옥의 활동이 신수복의 뒷받침에 의해 이루어졌다고 해도 지나치지 않은 역할이다.

신수복은 공산청년인천조직준비위원회에서 학생, 도시빈민층 및 유마(有馬)정미소, 가등(加藤)정미소를 담당하였다는데, 상당한 정도의 지식과 능력을 갖춘 인물로 주변에서 인정받았던 것으로 보인다.

1938년 4월 11일 만기 출소한 뒤 당시 63세의 모친 정순의(鄭淳義)와 함께 살았는데, 1938년 5월 2일 경기도 경찰부장이 '사상범 신수복 만기출소 후의 감상에 관한 건'이라는 제목으로 보고한 문서에 따르면 어머니의 자애로움과 서대문형무소, 인천경찰서의 온정적 처우에 따라 과거를 반성했다고 한다.[10] 비록 보고문서 속에 '내선일체(內鮮一體)'니 '황국신민(皇國臣民)'이니 하는 상투적 표현이 들어있지만, 이후 사상전향을 뒷받침하는 행동을 한 자료가 없어 적극적 친일로 돌아섰다고 단정하긴 어렵다. 추측건대 연로한 모친을 모시고 조용히 산 것 같다.

한영돌은 1910년 9월 7일생으로 본적은 경기도 김포군 양촌면(楊村面) 구래리(九來里) 677번지이고, 강화군 양도면(良道面) 인산리(仁山里)에서 태어났으며, 주소는 인천부 화정(花町) 1정목

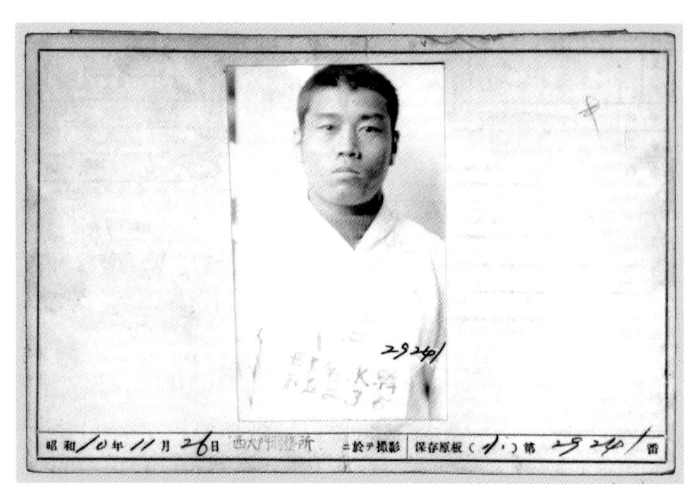

▲ 한영돌(1935년 11월 26일 촬영)

91-5번지다. 어린 시절에 서당에서 약 1년간 한문을 배웠고, 18세 무렵부터 인천에서 제승업(製繩業), 정미업(精米業) 또는 부두 등의 노동에 종사했다고 한다.[11] 체포 당시에도 직업란에 '고인(雇人)', 즉 고용되어 일하는 노동자라 기록되어 있으며, 키는 163cm이다.

1932년 1월 20일경 인천부 화정의 자택에서 안문식, 이복률, 이정숙, 김경득 등과 함께 '인천적색노동조합'이란 비밀결사를 조직하고 각자의 직장에서 동지를 획득하기로 결정했으며, 2월에는 자택에서 두 차례 조합의 확대에 대해 협의했다고 한다. 1932년 9월 10일에는 자택에서 정태옥과, 9월 13일에는 정태옥, 신수복 등과 '조선공산청년회 재건 인천조직준비위원회'를 결성했으며, 15

일부터 10월 중순경까지 자택에서 위원회를 두 차례 개최하여 활동방향을 논의했다. 이때 역무(力武)정미소와 조선인촌주식회사 공장을 담당했다.

꼬박 5년의 징역을 살고 1940년 7월 21일 서대문형무소에서 만기출소했고 그 이후 행적을 알 수 있는 자료는 없는데, 국가보훈처 공훈전자사료관의 독립유공자 공훈조서에 따르면 출소 후 채 3년이 안 된 1943년 5월 12일 별세했다고 한다. 2008년에 국내항일로 건국훈장 애족장에 서훈되었으니 자손이 있어 서훈 신청을 한 것으로 보인다.[12] 품은 의지와 겪은 고초에 비할 수는 없지만, 그나마 다행스러운 일이다.

신수복과 한영돌에게 일제는 공통적으로 '조선독립과 공산주의' 사상을 가졌다고 표현했다. 이들이 품은 공산주의 사상의 실상은 '사유재산제도'의 철폐를 통한 노동자, 농민의 생존권 확보, 다시 말하면 극심한 빈부격차의 해소에 초점을 둔 것이다. 현재와 같은 이데올로기로 이 당시의 사회주의를 보기보다는 항일의 수단과 생존권 확보의 도구로서 바라보는 게 실상에 더 가깝지 않을까?

1937년 중일전쟁을 전후해서 항일운동에 대한 일제의 탄압은
대대적이고 끈질기게 진행되었고,
이 과정에서 자기 뜻을 굽힌 많은 이들이 나타났다.
이들 전부를 '친일'이라 낙인찍는 건
그 시대를 겪지 않은 사람들의 지나친 인식이라 할 수도 있다.
하지만 권충일은 자기의 뜻을 꺾은 것에 그치지 않고,
내선일체란 일제의 방향에 맞추어 적극적으로 자기를 변화시켜 갔다.

9장

항일의 선두에서 친일의 일선으로 : 권충일

권충일(權忠一) 이란 사람이 있다. 〈일제감시대상인물카드〉에 따르면 1905년 7월 16일생이고, 〈용의조선인명부〉에 따르면 1907년 7월 22일생이다. 본적은 인천부 신화수리 196번지이고 출생지는 강화군이다.

한마디로 정의하기 어려운 행보를 보여준 인물로 '극적인 삶'이란 표현도 가능할 정도로 20세기 전반을 다채롭게 살았다. 그의 삶을 전반기와 후반기로 구분한다면, 전반기는 '신학(神學)과 성서(聖書)를 버리고 사회운동의 투사로'이고 후반기는 '항일의 선두에서 친일의 일선으로'라고 표현하고 싶다.

전반기의 생애와 관련해서는 인천골목문화지킴이 대표인 이성진 선생이 상세히 조사하여 기사로 소개한 바 있다.[01] 그 내용 중 출생과 학업에 대해 요약하면 다음과 같다. 1904년 강화군 송해면 상도리 홍의마을에서 기독교인 권신일(權信一)과 황브르스길라(黃夫理實牙) 사이에서 넷째로 태어나 4년제 영화남자소학교를 수료하고, 6년제 인천공립보통학교에 편입하여 1919년 3월 졸업했다. 동기생으로 해방 후 대법원장을 지내는 조진만(趙鎭滿), 인천을 대표하는 사회주의 운동가 이승엽(李承燁)이 있다고 한다.

〈일제감시대상인물카드〉에는 출생연도가 명치(明治) 38년, 즉 1905년이라 하여 1년 차이를 보인다. 인천공립보통학교 졸업 후 경성의 배재고등보통학교를 다니며 유도와 검도를 배웠고, 전통 무술인 택견도 사사했다고 한다.

처음 모습을 보인 건 교회 부설 야학의 교사였다. 1925년, 만 스물이 되지 않은 나이에 본적지인 신화수리의 가난한 여성들의 교육을 위해 화도예배당에서 여자 야학을 개설했을 때 교사로 참여했다.[02] 또 같은 신화수리에서 엡윗청년문학부가 경영하는 야학에서 140여 명의 남녀 학생을 무료로 가르치는 데도 교사로 참여했다.[03] 1925년 8월 3일부터 화도예배당에서 마련한 여름아동성경학교에도 교사로 참여했는데,[04] 이성진 선생이 《한국감리교 인물사전》(2002)을 근거로 밝힌 데 따르면 부친인 권신일이 1914년 6월 조선감리교연회에서 화도교회 담임목사로 파송받아 1920년까지 시무하였다고 하니, 부친이 일군 교회를 배경으로 활동한 것으로 추정할 수 있다.[05]

그런데 1927년이 되어 단체에 속하지 않는 자유노동자와 각 공장 노동자를 망라하여 조직한 인천노공친목회 창립에 깊이 관여하여 1927년 8월 20일 오후 8시부터 인천금융조합 사무실에서 열린 총회에서 사회를 보았으며 위원으로 선출되었다. 이 단체의 강령은 "1. 우리는 생활의 안정을 꾀함. 1. 우리는 합리적 세계를 꾀함. 1. 우리는 정의와 단결을 생명으로 함. 1. 우리는 상호간 친목을 꾀함"이다.[06]

체육활동에도 두각을 보여 1927년 10월 9일에 열린 신정회 주최 제1회 인천시민 대운동회 투포환 경기에 결승에 올랐고,[07] 1928년 3월 24일 열린 인천무도관의 유도종목으로 추정되는 진급시합에 참가해 장년부 1급 갑의 최고 성적을 거뒀다.[08] 1928년 7월 1일 오후 2시부터 애관에서 열린 인천무도관 창립 1주년 기념 무도대회에서는 마지막에 택견 시범을 보여 갈채를 받았다고 한다.[09]

1927년 11월 6일 오후 7시 30분부터 애관에서 '가정의 불평은 여자에게 있느냐 남자에게 있느냐'란 주제로 남녀 각각 3명씩 참가하는 '남녀대토론회'에 남자 편 연사 중 한 명으로 참가했다.[10]

1929년 1월에는 인천 노동자가 원산으로 출발하는 것을 막으려고 가두연설을 했다가 체포되어 구류 15일을 받았는데, 이때 인천청년동맹 간부였다. 함께 체포되어 구류처분을 받은 사람들은 신간회 인천지회 총무간사 곽상훈(郭尙勳), 인천노동총동맹 간부 이창식(李昌植), 인천청년동맹 회원 송공례(宋公禮)였다.[11] 이 사건은 일제강점기 노동운동의 대표적 사례로 일컬어지는 1929년 1월의 원산총파업 때 원산상업회의소에서 인천상업회의소에 의뢰하여 인부 3백 명을 모집하여 파업을 무력화시키려고 시도한 일이 있는데, 출발일인 1월 25일 해안정 미두취인소(米斗取引所) 광장에서 인천 노동자들에게 원산에 가서는 안 된다고 연설을 하다 체포된 것이다.[12]

1930년 1월에는 광주학생사건의 영향으로 전국적으로 학생들의 동맹휴업이 일어났는데, 인천경찰서에서 관계자로 기차 통학생 조오상과 이복희를 체포할 때 신간회 인천지회 위원인 권충일도 체포하여 5, 6일간 조사하고 석방했다고 한다.[13] 1930년 2월 28일에서 3월 1일 사이 인천부내에서 3·1절을 기념하여 이승엽, 김점권, 이두옥 등이 실행한 격문 배포 사건으로 검거 선풍이 불었을 때 신간회 인천지회원이자 인천청년동맹 관계자란 이유로 체포되어,[14] 20일 구류처분을 받고 조사를 받다가 3월 27일 석방되었다.[15] 이때 경찰은 여러 사람을 소환해서 권충일과의 관계를 조사했다고 하니 인천에서 권충일의 위치를 상당히 높게 평가했던 것으로 보인다. 석방 후 한 달가량 뒤인 4월 25일 신간회 인천지회 집행위원 자격으로 신간회 수원지회 총회에 참석해서 축사로 정치적, 경제적으로 몰락해 가는 현상을 말하다가 경찰관에게 제지당한 일도 있다.[16] 1930년 9월 22일 열린 인천청년동맹 확대위원회에서는 인천사회단체연합회관 건축비 중 청맹 부담금 400원을 신화수리반, 화평리반, 화정반이 각 100원씩, 축현반이 50원, 나머지 반이 합쳐서 50원을 분담키로 하고 징수위원으로 이창식과 권충일, 권평근을 선출했다.[17] 인천청년동맹 산하 각 반의

神學과 聖書를 버리고 社會運動鬪士로

긔독교긔대가수포에도라가

仁川事件中心人物 權忠一의過去

▲ 권충일과 그의 부인(〈매일신보〉 1931년 7월 24일)

규모를 알 수 있는 하나의 사례이자 권충일이 청맹의 주요 간부로 꾸준히 활동했음을 보여준다.

1931년은 권충일의 인생에서 중요한 분기점이었다. 6월에는 역무(力武)정미소와 직야(直野)정미소의 파업이 잇따르자 경찰에서 인천노동조합 등을 조사했는데, 이때 권문용, 김성규 등과 함께 체포되었다가,[18] 증거 부족으로 석방되었다.[19] 이렇게 끝나는가 싶었는데 7월이 되어 만보산사건 영향으로 조선인과 화교의 충돌사건이 발생하자 또 배후로 의심받아 신간회 인천지부 간부 곽상훈, 인천청년동맹 간부 이창식과 함께 인천노동조합 간부로서 체포되었다.[20] 7월 21일에는 경성지방법원 검사국에 송치되어 그날 오후 1시 6분 상인천역 출발 기차로 호송되어 서대문형무소에 수감되었다.[21]

그리고 7월 24일에는 [그림]과 같이 "신학과 성서를 버리고 사회운동 투사로"란 제목으로 권충일의 행적을 소개하는 일종의 특집기사가 실렸다.[22]

당시 권충일에 대한 평가를 보여주는 내용이므로 현대문으로 고쳐 그대로 옮겨 본다.

"어제 본지에 보도한 인천경찰서의 손에 검거되어 경성지방법원 검사국에 송치된 인천○○음모 사건의 리더 권충일은 어떠한 인물인가? 그는 올해 25세의 청년으로 지금은 인천의 좌익 선상에서도 '테로급'에 속하는 완력만능의 전사이니, 그는 '왼편 빰을 치거든 바른편 빰까지 맞어라'주의인 예수교의 분위기 틈에서 자라나서 많은 촉망을 받아오든 '장래 목사'였다. 다년 인천 신화수리 예배당을 주관하여 오든 고 권신일 목사의 아들로 태어나서 미션스쿨인 인천영화학교, 경성배재고보를 차례로 마친 그는 환경이 그러함이었든지 예수교 포교사업의 뜻을 품고 경성 협성신학교에 입학하여 2년간이나 신학을 전공하였고 4개월만 더 참으면 그 학교를 졸업하고 다시 미국에 건너가서 대학을 마친후 선교사의 요직을 맡아가지고 귀국하여 조선교계에서 활약키로 내정까지 되었었던 만큼 신임이 두텁든 '장래 목사'의 그는 그 무슨 느낌을 받았는지 재작년부터 전일의 껍질을 하루아침에 벗어버리고 노동운동 선상에 뛰어 나왔을 뿐이라. 그는 루이 14세 시대의 승려 '장 메리에'와 같이 '종교와 신앙은 사회를 해독하는 마취제라'고 모든 종교를 저주하기 시작하여 예수교 선교자들로 하여금 아연실색케 하여 그에게는 '금세의 메리에'란 별명까지 씌우게 되었다. 보통사람보다 뛰어나게 근육이 발달된 그는 유도가 초단에까지 올랐으므로 '테로'기분이 횡일한 그에게는 모든 사람들이 경외하여 내려오게 되었을 뿐 아니라 학구파에 섞여서도 과히 떨어지지 않을만한 소양을 가진 그는 이번에 검거될때까지 인천노동조합의 집행위원장의 지위에 추천되어 내려오며 최근은 기성단체의 해소운동에 전력을 쓰는 동시에 '인텔리'급을 배격하고 순전한 노동자만으로써 조합의 조직을 굳혀보고자 노력하여 내려

所在判明된
權忠一行方

【仁川】예수교회목사(牧師)의가정에서 자라나서 신학교(神學校)싸지마친 장래목사가출연로동운동으로 방향을전환하야『테로』와 반(反)『크리스도』적으로일관하든 금세(今世)의『메리에ㅣ』―인천로동조합의집행위원장이든권충일(權忠一)(三七)은 작년여름인천에서발생되엇든 중국인습격사건당시 군중의심리를◯◯운동에전환식혀 모종의음모를 계획한사건의 협의로인천경찰서에 체포되엇스나 당지그는 리질(痢疾)에걸니엇섯슴으로 인천부립덕생원(德生院)에수용되여 치료중감시에눈을긔어탈주하야 버리엇다하든사실은 당시보도한바로인천서에서는 이래그의거취를살피든중최근그로부터 당지에도착된서신에의하야 그는로령해삼위(海參威)에잇는국제직업학교(國際職業學校)에서공부하고잇는것이판명되어 인천서당국으로하야금실망케하얏다한다

▲ 권충일 러시아행 확인 기사(〈매일신보〉 1932년 5월 16일)

오던 중이었다. 인천 신화수리의 그의 집에는 그의 70노모와 그의 처자 세가족이 그를 기다리며 눈물로 날을 보낼 뿐이다(사진은 권충일과 그의 아내)."

권충일의 성장 배경과 함께 기독교계에서 걸었던 기대와 노동운동 투신 이후 받았을 충격이 얼마나 컸는지 짐작되는 기사다.

서대문형무소에 수감되었으나 기소되지 않고 석방된 이후 검거 전부터 앓던 이질(痢疾)의 일종인 적리병(赤痢病) 치료를 위해 인천부립 덕생원(德生院)에 입원했는데, 인천경찰서의 감시 속에 치료를 받다가 사라져 버린다.[23] 무슨 일만 있으면 경찰에 불려 다니고, 체포, 투옥되는 생활을 온전히 견뎌내기는 쉽지 않았을 것이다. 그런 이유에서 권충일도 큰 결심을 한 듯하다.

사라진 권충일의 행방은 1932년 5월 드러난다. 즉 인천을 탈출

하여 러시아 블라디보스토크로 간 뒤 그곳에 있는 국제직업학교에서 공부하고 있다는 것이다.[24] 권충일의 블라디보스토크행과 관련하여 주목되는 자료가 있다. 1930년 3·1운동 11주년 기념 격문 살포 관계자로 체포되었다가 1930년 12월에 출옥한 이홍순(李弘淳)이 1931년 봄부터 이승엽이 주도한 산업별노동조합 결성과 관련하여 활동하다가 권충일의 권유로 블라디보스토크에 간 일이다.

이홍순은 공산대학에 입학하라는 권충일의 권유를 받고 1931년 5월 22일 인천을 출발하여 청진을 거쳐 우여곡절 끝에 7월 10일 블라디보스토크에 도착했다. 현지 경찰에 1주간 구류되었다가 김니콜라이라는 사람의 주선으로 러시아인이 경영하는 철공소에 입사하여 낮에는 일하고, 밤에는 야학에서 러시아어와 사회주의 교양사상 등을 학습했다. 그러던 중 1931년 12월경 철공소 식당에서 우연히 권충일과 재회하여 서로 교유했다는 것이다.[25]

추가 조사에서는 1931년 5월 18일경 권충일로부터 장래 좌익운동의 투사로서 활동할 의지가 있다면 한번은 러시아에 가야 할 거라는 권유로 러시아 입경을 결의하고 권충일로부터 여비 15원을 받아 5월 23일경 인천을 출발, 경성부 파고다공원 바깥쪽 입구에서 권충일이 소개한 성명 미상의 조선인 청년을 만나 그 청년에게 다시 10원을 받아 청진을 거쳐 블라디보스토크에 갔다고 한다.[26]

이런 상황을 보면 본인이 러시아로 탈출하는 1931년 8월 말 9월 초 이전에 이미 러시아와 연결되는 어떤 선을 갖고 있었고, 그 선을 이용해 이홍순을 먼저 보냈고, 자신도 상황이 여의치 않자 인천을 떠나 블라디보스토크로 향한 것으로 추정된다.

"아직까지 이러한 회합이 없었으니 만큼 여기에 대표로 참석하는 저희들의 책임의 중대함을 통감하고 있습니다. 이러한 비상시국을 맞아 폐하의 적자로서 적성(赤誠 : 마음속으로부터 우러나오는 참된 정성)을 다하려고 하는 점만은 전국에서 모이는 대표들이 다 같을 것입니다. 그러나 또한 조선이라는 특수사정도 없지 않음으로 대회 석상에서 여러 가지로 협의를 하여 어떻게 하면 내선일체(內鮮一體)로 이 운동을 지금보다 더 적극적으로 굳세게 진행시킬까 하는 점을 배워가지고 오겠습니다."[27]

1938년 6월 20일부터 22일까지 일본 동경에서 개최되는 '시국대응전국위원회'에 조선 대표로 참가하는 권충일 포부다. 인천에서 노동운동 지도자로 항일의 일선에 나섰던 권충일이 불과 5, 6년 만에 어떻게 내선일체를 적극 진행하자는 친일의 선두에 서게 되었을까?

그 사이 권충일은 러시아에서 강원도 방면의 노동운동을 위해 조선에 들어왔다가 1934년 말에 일제 경찰에 체포되어 1년여간의 조사 등을 거쳐 1935년 12월 6일 치안유지법 위반으로 경성복심법원에서 징역 2년을 선고받고 서대문형무소에 수감되었다.[28]

출소는 1937년 1월 28일이다. 아마 이 수감생활이 권충일의 향방에 큰 영향을 준 것이 아닐까 한다.

10년이 안 되는 시간 동안 식민지 조선의 청년이 자기 뜻을 온전히 지켜가기엔 너무나 많은 변화가 있었다. 1937년 중일전쟁을 전후해서 항일운동에 대한 일제의 탄압은 대대적이고 끈질기게 진행되었고, 이 과정에서 자기 뜻을 굽힌 많은 이들이 나타났다. 이들 전부를 '친일'이라 낙인찍는 건 그 시대를 겪지 않은 사람들의 지나친 인식이라 할 수도 있다.

▲ 권충일(〈매일신보〉 1938년 6월 17일)

하지만 권충일은 자기의 뜻을 꺾은 것에 그치지 않고, 내선일체란 일제의 방향에 맞추어 적극적으로 자기를 변화시켜 갔다. 조선의 전향자를 대표하여 동경의 전향자대회에 참석한 것은 물론 시국에 대응한 조선 전체[全鮮] 전향자 단체인 '시국대응전선 사상보국연맹' 결성에 앞장서 경성지부의 간사를 맡았다.

이어 1938년 11월 10일 영등포 방공(防共)강연회를 시작으로,[29] 18일 철원(鐵原)군청, 20일 김화(金化)공회당, 21일 금성(金城)연무장, 22일 평강(平康)소방회관, 23일 평강군의 복계(福溪)철도구락부 등 강원도 지역의 방공강연회에 전선사상보국연맹 경

▲ 권충일(1935년 11월 11일 촬영)

성지부 간사 자격으로 참가해 연설했으며,[30] 1939년에도 양주, 포천, 개성, 장단 등지를 다니며 공산주의에 반대하는 방공강연회의 연사로 활동했다.[31] 바뀐 신념을 실천하는 데 주저함이 없었던 것이다.

진실성은 검증해야 하지만 이런 강연에서 권충일이 한 말을 보면 전향의 이유와 배경을 약간은 짐작할 수 있다. 본인이 공산주의 운동에 뛰어든 것은 민족적 편견 때문이었고, 그 이유는 3·1운동을 가리키는 것으로 생각되는 1919년의 어느 사건으로 부모와 형, 사촌동생 등 모든 가족이 검거되었는데 자식된 마음으로 커서 반드시 복수하겠다는 마음을 품었다고 한다. 자라나서는 단순히 민족적 해방으로는 조선을 구할 수 없고 현재의 제도를 유지하는 한 누가 조선을 통치하더라도 마찬가지라는 생각으로 노동자를 구하기 위해서는 노동자의 국가를 세워 자본주의에 대항해야 한다는 생각으로 공산대학 졸업 후 조선에 들어온 사람의 지도를 받아들여 노동자, 대중을 구한다는 이상에 자신의 신명을 바치기로 각오했다고 한다. 그러나 체포 후 독방에 수감되어 있으면서 국가도 없고 계급도 없는 공산주의 사회 실현이 과연 가능할까 하는 의문을 갖고 자신이 머물며 보고 느낀 소련의 실상은 공산주의와 거리가 있다는 것을 깨달아 전향하게 되었다고 한다.[32]

앞에서 살펴본 것처럼 권충일의 부친은 기독교 목사였고, 배재고등보통학교를 거쳐 경성의 협성신학교를 다녔는데, 부친의 권유인지, 본인의 의지인지는 알 수 없지만 목회활동에 대한 생각이 있었던 것 같다. 신학교에서 공부한 뒤에는 중등교원이 되겠다는 생각으로 일본 동경의 정칙영어학교(正則英語學校)에 다니다가 중도 포기 후 1927년 인천으로 돌아왔다고 한다.[33]

이후 인천의 노동조합과 청년동맹의 위원으로, 1929년 4월에는 신간회 인천지부에 가입하여 간부로 활동했는데, 신간회 해체 후 공산주의 사상에 관심을 갖게 되어 연구하게 되었다고 한다. 1930년부터 1934년 겨울 체포되기까지 인천, 러시아 블라디보스토크, 강원도 고성으로 거주지를 옮겨가며 충실한 노동운동가이자 항일투사로 살았다.

1945년 8월 15일 조선은 해방되었다. “혁신 일본의 장래를 위해서도 우리는 일본의 승리를 위해서 몸을 버리겠다는 각오로 진력해야 할 것입니다."[34]라고 했던 권충일은 해방을 맞아 무슨 생각을 했을까?

해방 정국은 생각보다 혼란스러웠다. 일단 숨죽여 주변의 눈치를 보며 살았을 것 같은 권충일의 행적은 '친일'의 굴레를 벗어난 듯 보인다. 1947년 2월, 민주주의 민족전선 인천시 위원회에서는 '3·1운동 기념 인천시준비위원회'를 결성하였는데, 이때 권충일은 당당히 부위원장 8명 중 한 명으로 이름을 올렸다.[35] 같은 해 11월 17일부터 18일까지 벌어진 인천 좌익세력 일제 검거 때에는 가장 대표적인 인천의 좌익요인으로 신문에 이름이 오르내렸다.[36]

단순히 전향서를 쓴 정도가 아니라 일제말기 전체 조선을 대표하는 전향자 두 명 중 한 명으로 활동하며 신문 지상을 장식했던 권충일이 해방 후 인천 좌익의 대표 인물로 검거된다는 것은 생각하지도 못했던 일이다. '친일 좌익'이라는 형용모순에 가까운 표현이 현실이었을 수 있다는 점을 보여준다. 해방 정국에서 친일 행위에 대한 평가가 요즘의 우리 생각과는 상당히 달랐을 가능성조차 떠올리지 않을 수 없다.

이게 끝이 아니다. 6·25 한국전쟁이 임박한 1950년 봄, 전국은 국회의원 총선거로 들썩였다. 거기에 고향 강화의 무소속 출마자로 역시 권충일이 나온다.[37] 무슨 사정이 있었는지 출마의사는 곧 철회했다.[38] 이성진 선생은 6·25사변이 일어난 직후인 "1950년 6

월 30일 집에서 인천경찰에게 부역자 혐의로 체포되어 월미도 제방에서 경찰과 해전대에 의해 총살을 당하는 비극을 맞이한다."[39] 고 했는데, 전쟁 직후 일어난 국민보도연맹원 학살과 연관된 일인지 확인이 필요하다.

항일의 선두에서 친일의 일선을 자처했다가, 다시 좌익의 일원으로 활동한 권충일의 삶을 어떻게 평가해야 할까? 누구처럼 '조선이 해방될 줄 몰랐다'라는 변명 아닌 변명으로 자기 행위를 합리화했을까? 현실의 법정에는 '정상참작'이 있지만 역사의 법정에는 없거나 작다. 첫 단추를 잘 끼워야 한다는 속담은 반은 맞고 반은 틀린 것 같다. 역사에서는 마지막 단추를 잘 끼워야 죄인이 되지 않는 법이다. 권충일의 첫 단추는 시대의 지향과 맞았으나 마지막 단추는 시대의 지향을 거슬렀다. 결국 그는 '친일'의 낙인에서 벗어나지 못할 것이다. 그럼에도 45년의 짧은 생애의 해방 후 5년을 좌익에서 활동한 그의 변신은 결국 비극적 죽음으로 이어지고 말았다. 애처로운 삶이라고밖에 할 수 없다.

새가 양쪽 날개로 날고, 자전거 바퀴가 두 개여야 굴러가는 것처럼
어느 특정 세대, 입장의 힘만으로 사회를 끌어가는 건 거의 불가능에 가깝다.
젊은이들의 패기만으로도, 장년의 경륜만으로도 부족하다.
경륜과 패기가 조화를 이룰 때 비로소 큰 혼란 없이 사회는 진보한다.

10장

인천의 항일언론인, 청년의 든든한 후원자 : 박창한

최진하

인천의 항일운동가를 쫓다 보니 10대 후반에서 20대 초·중반의 청년·학생들이 중심이었다. 해방 후 반독재 투쟁에서도 대학생과 청년 노동자들이 선두에 섰으니, 시대는 달라도 연령으로 보면 무척 자연스럽다. '어른다운 어른이 없다'는 푸념도 마찬가지였을까?

일제강점기 인천의 청년운동, 항일운동에 어른이라고 할 만한 사람이 두 분 있다. 언론인이자 사회운동가인 박창한(朴昌漢)과 최진하(崔晋夏)다. 1900년 전후에 태어난 이들이 1920년대 중반 청년, 사회운동을 본격적으로 열어나갔다면 적어도 그들보다 10여 세 연상으로 1880년대 후반에 태어난 두 사람은 때로는 앞에서, 때로는 뒤에서 청년들과 함께했다.

〈일제감시대상인물카드〉에 따르면 박창한은 1889년 6월 13일생으로 본적은 인천부 율목리(栗木里) 57번지, 출생지는 서울 동대문이고, 주소는 인천부 송림리(松林里) 247번지다. 신분은 양반이며 부모는 박병옥(朴炳玉)과 한청하(韓淸河)이고, 키는 159cm

가량이며 1928년 체포되었을 때 직업은 인천거래소의 중매인이었다.

1928년 11월 30일 오전에 경기도 경찰부 고등과 소속 형사에게 자택에서 체포, 오후 2시에 경성으로 호송되었고, 사건 내용은 절대 비밀이라 했다.[01] 〈일제감시대상인물카드〉에는 치안유지법 위반이라 기재했는데, 재판 관련 내용이 없고, 사진도 형사과에서 찍은 것으로 보아 기소되지 않고 풀려난 것으로 추정된다.

고일은《인천석금》에서 박창한의 생애를 다음과 같이 묘사했다.

> "조선일보 지국의 전성시대는 지국장 박창한 시대였다. 본사장 월남 이상재 선생, 신석우 씨 시대에 인천지국을 발전했으니 지국도 애관 옆자리에서 내동, 율목동 그리고 인현동으로 세 번 옮겼다. 미두(米斗-期米=경제부) 기자에 최진하씨요, 사회부에는 김태현·정수일씨요, 객원으로 백대진씨와 필자였다. (…중략…) 한쪽으로 미두취인소(米斗取引所) 중매점의 바다찌[場立 : 중매 담당자]로도 있어 돈욕심 사업욕심이 대단하던 호사가였다. 각종 운동경기·강연·연극·음악회 등의 주최, 한편으로 노동총맹을 조직하고 노동운동·청년운동·보이스카우트 운동에도 가담하였으니 그의 야심적 명예욕을 비방하던 동업자가 상당히 많았다. 그러나 미두에 실패한 후 그는 사업욕을 잃고 세상을 떠났다. 씨의 계씨 박정규(朴鼎圭)씨가 지국을 계속하다가 최진하씨가 다시 지국장이 되어 폐간시절까지 계속했었다."[02]

고일은 '야심적 명예욕'을 가진 사람으로 비방을 받았다고 했으나, 개인의 안위만을 생각하는 사람이었다면, 일제의 감시 대상이 되는 노동운동, 청년운동에는 관여치 않았을 것이다. 아마 활발하고 다양한 활동을 시기 어린 시선으로 보는 사람들이 많았으리라.

신문기사로 확인할 수 있는 박창한의 활동만 나열해도 숨 가쁠 지경이다. 서양 독지가들의 원조로 천주교회 안에서 운영하던 고아원이 제1차 세계대전으로 후원이 끊기게 되자 인천의 유지들이 경기도청에 기부금 모집 허가 신청을 할 때 대표였고,[03] 경성상공진흥회 지부를 설치하는 과정의 주동자이고, 설치 후에는 감독역을 맡았다.[04]

1923년 3월에는 민립대학 설립운동의 인천 발기인으로 참여하였고,[05] 1923년 9월 16일 오전 11시에 인천공회당에서 열린 인천기자단 임시총회에서는 조선일보 인천지국장으로서 간사로 유임되었으며,[06] 1924년 4월 6일 열린 소성노동회(邵城勞動會) 정기총회에서는 회장 자격으로 회의를 진행하여 조직의 명칭을 인천노동총동맹으로 변경하고 전조선노동동맹회에 가입하며, 회장제도를 위원제도로 변경하는 결의를 이끌어 내는 한편 바뀐 직제에 따라 위원장에 선임되었다.[07]

1924년 5월 17일부터 19일까지 사흘간 인천부 빈정(濱町) 가부키좌에서 인천노동연맹회 주최, 시대일보 인천지국 후원으로 노동연주대회를 개최하여 큰 성황을 이루었는데, 이때 30원을 기부

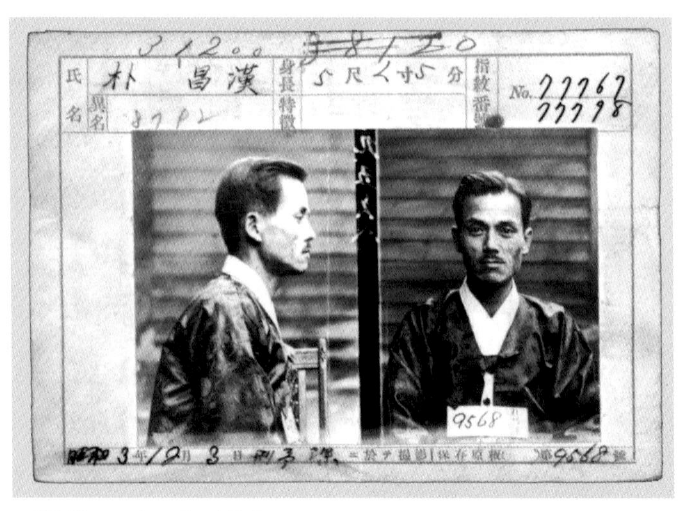

▲ 박창한(1928년 12월 3일 촬영)

했다.[08] 그날 금일봉을 기부한 5명을 제외하고 21명의 개인과 단체가 모두 86원을 기부했는데, 박창한 혼자 30원을 기부했으니 그 금액이 얼마나 큰지 짐작할 수 있다. 행사를 주최한 인천노동연맹은 그 전 달에 소성노동회가 이름을 바꾼 인천노동총동맹을 잘못 쓴 것으로 보이므로 위원장으로서 행사의 성공을 위해 거액을 쾌척했다고 추정된다.

이어 1924년 6월 4일 오후 8시에 인천노동총동맹 위원회를 개최하여 노동연주회의 결산을 마무리했고, 당시 경성여성동우회(京城女性同友會) 집행위원장으로 저명한 사회주의 운동가 박헌영(朴憲永)의 부인인 주세죽(朱世竹)을 인천노동총동맹의 여자상무

위원으로 초빙하는 주선 위원 5명 중 한 명이 되었다.[09]

1924년의 활동 중 매우 의미있는 것이 1923년 일본 관동(關東) 대지진때 무참히 살해된 많은 조선인을 추모하는 진재(震災)추도회를 인천노동총동맹 주최로 개최한 것이다.[10] 이 추도회를 사찰해서 보고한 문서가 있는데,[11] 여기에 따르면 9월 1일 오후 8시 30분부터 오후 10시까지 인천공회당에서 약 900여 명의 많은 인원이 참여했다. 어린이 약 200여 명도 참석했다고 하며, 박창한은 개회사와 애도사를 맡았다.

인천노동총동맹회의 유순근(柳順根), 시대일보 인천지국 장동식(張東植), 인천소년회 김시권(金時權), 제물포청년회 김규원(金奎元), 소년척후군 인천지부 김흥래(金興來), 조선일보 인천지국 최진하, 인천신우친목회 정학상(鄭學相), 객주조합(인천상업회의소 평의원) 정공환(鄭恭桓), 경성여성동우회 유순근(柳順根), 인천불교진흥회 박매련(朴梅蓮)이 차례로 애도문을 낭독했다.

조선노동총동맹회를 대표하여 참석한 인천 출신 조봉암(曺奉岩)은 "단상에 서서 약 2, 3분간 침묵하다가 '나는 관헌의 단속이 엄중하기 때문에 저의 생각하는 바를 이야기하기 어렵습니다. 여러분과 같은 마음으로 애도의 뜻을 표하는 바입니다.'라고 끝내고 내려갔다"고 한다.

1924년 10월에는 조선기근구제회의 간부로서 회의 경비 마련을 위한 모금에 10원을 기부했으며,[12] 모친 한씨(韓氏) 환갑잔치를

朴氏萱堂壽宴

조선일보인천지국장(朝鮮日報仁川支局長) 박창한(朴昌漢)씨의 훤당(萱堂)한씨(韓氏)는 금년이 환갑(還甲)에 당함으로 오는 이십삼일(음이십오일)에 자택에서 성연이잇스리라한다

▲ 박창한 모친 환갑 기사(〈시대일보〉 1924년 10월 21일)

자택에서 10월 23일 연다는 신문 기사도 있다.[13] 당시 조선일보 인천지국장이었으니 동종업계 종사자에 대한 예우와 배려가 있었다고 볼 수도 있지만, 인천 지역사회에서 상당한 정도의 지명도가 있기 때문에 가능한 일이기도 할 것이다. 이런 연장선상에서인지 10여 명의 조선인 기자로만 구성된 경원구락부(慶源俱樂部) 결성에 최진하, 고일 및 동생 박정규와 함께 참가했다.[14] 또 애관극장의 전신이라 할 수 있는 협률사(協律舍)를 운영했던 인천의 대표적 부호(富豪) 정치국(鄭致國)이 작고한 후 유명무실해진 '인천조선인자선회'의 정상화에도 참가하여 인천노동총동맹 위원장 자격으로 의원, 즉 이사로 선임되었다.[15] 1924년 11월 25일 경성부 재동 해방운동사에서 개최한 사회주의 계열의 북풍회 창립총회에 참석하여 집행위원으로 선출되었으며,[16] 1925년 1월 11일 오후 7시 인천노동총동맹 회관에서 개최된 인천철공조합 창립총회에 인천노동총동맹 위원장으로 참석하여 인천철공조합 임시의장으로 선출되기도 했다.[17]

고일이 평가한 대로 질시를 받기에 '충분'할 정도로 다방면

의 활발한 활동이었다. 인천 지역의 유지 중의 유지라 할 만하다. 1925년에도 1월에 조선일보 인천지국 주최로 소년소녀 웅변대회를 개최하고 당일 사회를 보았으며,[18] 인천노동총동맹회관에서 운영하던 야학의 학생을 더 모집하려고 교실 신축 등의 목적으로 '기부금모집허가원'을 대표로서 제출했으나 경기도지사가 불허한 일이 있다.[19] 기사 내용 중에 "어린 생령이 품팔이하야 먹고살기에 배울수가 업고 겨우 밤에나마 틈을 타서 그래도 배워야 한다는 가련한 처지를 당한 사람들을 모아 교육을 시키고자 기부금 모집허가원을 제출한 것이다"라고 했는데, 인천노동총동맹이 단순히 노동자의 단결과 생존권 쟁취 등의 투쟁에 머물지 않고 가난한 어린이 교육 등 사회적 약자에 대한 보호 활동에도 매우 노력했다는 것을 보여준다.

1925년 3월 개최한 전체 조선 조선인 신문잡지 기자대회 개최를 위해 준비위원회를 구성했을 때 김억(金億), 송진우(宋鎭禹), 백관수(白寬洙), 안재홍(安在鴻), 조봉암(曺奉岩) 등 이름만 대면 알 수 있는 쟁쟁한 인사들과 함께 준비위원으로 선정되었다. 전국적 차원에서도 인천을 대표하는 언론인이자 활동가로 알려진 것이다. 1926년 1월에는 인천에 있는 네 개 신문 지국이 연합하여 인천 조선어 신문 잡지 기자단 결성을 위한 회의를 개최할 때 조선일보를 대표하여 준비위원에 선임되었는데, 기자단 임시 사무소를 내리 203번지 소재 조선일보 인천지국에 두었다는 것으로 보

아 앞장서 이 단체 결성을 주장했던 것으로 보인다.[20]

1926년 3월 13일 열린 인천노동학원 진급수료식에서는 학원장으로서 훈화를 했는데,[21] 인천노동학원은 다른 것이 아니라 인천노동총동맹에서 운영하던 야학으로 동맹 위원장인 박창한이 학원장인 것은 쉽게 짐작할 수 있다. 기사는 수료식 후의 분위기를 "로총 간부 모씨로부터 방방(滂滂)이 차압표를 부친 이 집에서 겨우 진급수료식까지는 하얏스나 지금에 진급한 일백사십명의 학생과 날마다 입학을 지원하는 무산아동의 만흔 수효를 어떠케 수용하야 어대서 개학을 할른지? 압길이 막막 할뿐아니라 동정이 업는것보다도 이를 방해하고 저희하랴는 계급까지 잇스니 어찌하면 조켓느냐는 뜻으로 목이 메어 울음에 석기인 말이 마치지 못하야 동맹 간부와 교원 학생 전부가 모다 눈물을 흘리지 아니한 사람이 업도록 장래는 비분한 공기가 가득하얏다고하다"라고 전하는데 1925년에 신청한 기부금모집허가를 경기도지사가 불허해 수요를 감당할 수 없었던 현실을 알 수 있다.

이런 여러 방면의 활동에 일제 당국이 주목하지 않을 리 없었다. 결국 1926년 4월 19일 종로경찰서의 사상요시찰인 명부에 올랐는데, 당시 조선일보 인천지국장이었다.[22] 앞서 언급했듯이 박창한은 1928년 11월 30일에 경기도 경찰부에서 보낸 형사들에게 체포되었는데, 정확한 이유는 알 수 없다. 다만 체포 주체가 경기도 경찰부라는 점에서 인천 안에서 일어난 작은 일 때문은 아닐

것으로 보인다. 박창한은 언론관계나 노동관계로 인천을 대표하는 인물로 그만큼 교유하는 사람들도 많았다. 사회주의 계열의 북풍회에 관여한 데서 알 수 있는 것처럼 사상적으로도 의심받을 구석이 있었다. 아마도 이런 배경에서 체포했으나 구체적 증거나 관련이 없어 석방된 것이 아닐까 싶다. 앞으로 규명해야 할 부분이다. 어쨌든 체포는 이때 한 번이었지만 요시찰인으로서 관리는 계속되었을 것이다.

1930년대가 되면 활동 내용이 상당히 줄어든다. 1931년 초에는 잡지《삼천리》인천지사를 금곡리 9번지에 설치하면서 책임자가 되었고,[23] 그 이후 몇 년간 행적을 전하는 자료를 볼 수 없다. 1937년 2월에 공제무진 주식회사 인천지점에서 외무사원 박창한이 사퇴하였다는 광고를 냈고,[24] 1938년 3월에는 송현정(松峴町) 99번지에서 10번지의 땅 임대료 12전~14전을 갑자기 25전으로 두 배 이상 인상하자 주민들이 관계 당국에 진정서를 제출하고 주민대회를 여는 한편 교섭위원 7명을 선출한 일이 있었는데, 이때 박창한의 이름이 교섭위원 중 제일 먼저 나온다.[25]

이로 보아 1938년 봄까지는 생존해 있었으나 1930년대 노동운동을 중심으로 그 이전에 비해 훨씬 계급적이고 조직적이며 강경한 투쟁을 벌여나가는 젊은 활동가들이 등장하는 시점에 박창한은 활동을 줄였다. 그리고 일제의 탄압이 심해져 공개적인 항일운동이 어려워지는 시점에 잠깐이나마 주민의 대표로서 모습을 드러낸다. 아마 건강이 허락했다면 주민 생활 개선과 같은 활동을 계속했을 가능성이 높지 않았을까?

또 한 사람 최진하는 1887년 11월 5일생으로 본적과 출생지는 경상북도 김천군 개녕면(開寧面) 광천리(廣川里) 1-134번지이고, 주소는 인천부 용강정(龍岡町) 1번지이다. 1931년 9월 27일 서대문형무소에서 사진을 찍었는데, 1931년 7월에 만보산사건의 영향으로 인천에서 발생한 화교 배척 사건 관계자로 체포되어 수감되었다가 1심에서 징역 1년을 받았으나,[26] 1932년 6월 2일 2심에서 무죄판결을 받았다.[27]

최진하의 생애에 대해서는《개교 123주년 인천고 인물사》에서 상세히 소개했다.[28] 일부 중복이 되지만 이해를 돕기 위해 그 행적을 살펴보겠다. 최진하는 1931년 7월 10일 인천경찰서에서 사법경찰관인 경기도 경찰부의 경부보 서기등태랑(西崎藤太郎)에게 신문을 받았다.[29] 이 자리에서 본인이 한 진술에 따르면 "(인천)북상업학교의 전신인 일어학교 졸업 후, 사범 속성과를 졸업했습니다"라고 했고 1930년 6월부터 조선일보 인천지국장으로 일했다. 7월 2일 저녁 만보산사건을 다룬 조선일보 호외를 배달한 경위를 묻는 질문에는 "당일 본지 석간은 오후 6시경 배달이 끝났는데, 그 무렵 경성 본사에서 전화가 와서 만보산사건에 관한 호외를 10시경 열차로 보낼거라 해서 저는 배달부를 불러 기다리게 했는데, 마지막 열차로 상인천역에 도착했습니다. 밤이 늦어 아침 일찍 배

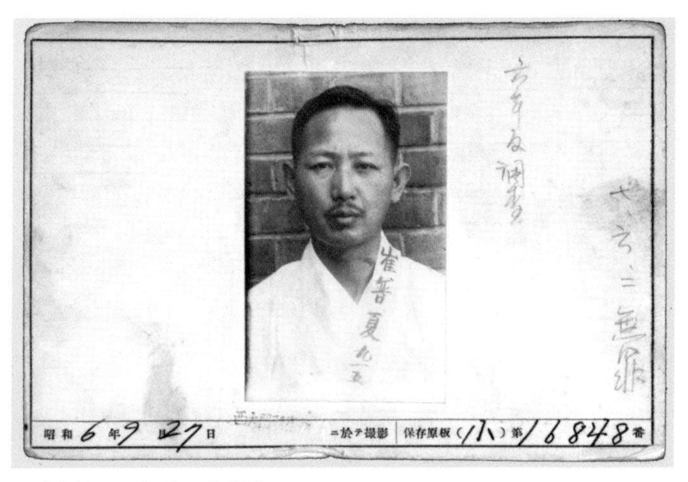

▲ 최진하(1931년 9월 27일 촬영)

달할까라고 생각도 했지만, 신문의 사명으로서 한시바삐 독자와 세상에 보도하는 것이 최대의 임무이고 다른 신문보다 앞서야 한다는 생각에서 바로 배달했습니다."라고 말했다.

1931년 7월 13일 인천경찰서에서 사법경찰관 순사 소야사유치(小野寺留治)가 작성한 최진하 소행조서[30]에는 '성질' 항목에 '자질이 온순함을 가장하고 있으나 지극히 음침한 성질이 있음'이라거나 '개전의 예상 유무'에 '본인은 표면적으로 사상관계가 없다고 하지만 민족주의가 농후하여 개전의 정이 없다고 인정됨', '비고'에 '민족주의가 농후할 뿐만 아니라 (공산)주의자들과 연락을 선도하는 경향이 늘 있음'이라고 기재했다.

또 '교육의 정도 및 본인의 경력'란에 "인천북상업학교 졸업 정

仁川朝中人事件

最高八年言渡

이일복심법원서공판개정

大槪一審보다輕減

인천조중인 충돌사건의주모자인 정백만(鄭伯萬)외세사람에관한 소요죄의 二심판결은 二일오전十一시에 경성복심법원(京城覆審法院)에서 가등(加藤)재판장으로부터 실로 관대한 판결이 나렷다

▲鄭伯萬八年▲宋用奉四年▲兪泰俊五年▲崔晉夏無罪

정백만은 一심에서 十년이엿고 송용봉은 一심에서 九년이엿다 그런것이 전긔와가티 관대한 판결을 나리엇는데 더욱이 최진하의 무죄인정에는 더한층 명판결이라는 칭송을 밧지안을수업다

최진화의 범죄사실이라는것은 충돌이 이러낫슬때에 경관이 중국인을 보호하고 조선사람은 학대한다고 선동하엿다는것이다 그런데 가등재판장은 전긔사실은 개인에게 이야기한것이고 군중을 선동하기위하야 행한것이 아니라고 인정을내리웟다

寬勳洞에 火災

二일오전十一시경에 부내관훈

平壤에 損

【平壤特電】三일오전一시廿五분경에 평부내육로리(陸路里)一六七번지 박응태(朴膺泰)집에서 발화하야 二호二동을전소하고 一호를반소한후 동三시경에진화하엿는데 손해는一만五천원이며 진화에노력

▲ 최진하 무죄 기사(〈매일신보〉 1932년 6월 4일)

도. 본인은 10세 전후에 인천에 와서 인천공립보통학교 졸업 및 (인천)부내 북상업학교를 졸업 및 인천공립보통학교 훈도로 5년간 근무. 그 후 상업회의소에 고용되어 4년, 그 후 신문기자가 됨. 1930년 2월부터 조선일보 지국장이 되어 현재에 이름"이라 했고, '자산 및 수입 상황'에는 "자산은 당지에는 없음. 본적지에는 논 750평 정도를 소유한 것으로 보임. 수입은 조선일보 지국장 겸 기자를 겸해서 월수입 50여 원 정도임"이라 했다.

7월 27일에는 인천경찰서에서 조선총독부 판사 석천장사랑(石川莊四郎)의 심문을 받았는데, 당시 인천부내 조선일보 구독자는 320명이라 했고, 교육 정도에 대해서는 "원인천에 있었던 관립일어학교를 졸업하고, 경성의 사범학교 속성과를 졸업했으며, 그 후 보통학교 교원이었다"고 분명히 진술했고, 가족 관계에 대해서는 본적지에 양친이 계시고 인천에는 자식 2명, 동생 1명과 부인이 있다고 했다.[31]

1887년생이라는 나이를 감안할 때 북상업을 졸업했다는 건 예심 신문조서에서 최진하 본인이 언급한 관립일어학교를 졸업했다는 의미이다. '가정 및 생활 상황'에 "가족은 본인 및 처, 아들 두 명으로 모두 4인 가족으로서 날마다 생활에는 어떤 곤란함도 없고 가정은 아주 원만함"이라 해서 안정적이고 원만한 생활을 했으며, 고향에 양친이 계시다는 점에서 인천에 온 이유는 학업 때문으로 추정된다.

일제 경찰관이 겉으로는 아주 온건한 듯하지만 속으로는 공산주의자들과 깊게 교유하는 민족주의 성향의 인사라는 평가는 최진하의 활동을 볼 때 사실에 가까운 것으로 보인다. 본인 스스로 공산주의적 성향을 가진 것은 아니지만 조선독립을 위해 사상을 떠나 힘을 합쳐야 한다는 생각을 가졌던 인물이 아닐까?

최진하 역시 1920년대 초반부터 활발한 활동을 보여주는데, 1924년 9월 1일 인천공회당에서 인천노동총동맹 주최로 박창한이 개회사와 애도사를 한 관동대지진 피해 조선인 추도회에서 조선일보 인천지국 소속으로 애도문을 낭독했다.[32] 같은 해 11월에 10여 명의 조선인 기자로만 구성된 경원구락부(慶源俱樂部)를 결성할 때 조선일보 소속으로 조선일보 지국장 박창한, 시대일보 기자 고일과 함께 참가했다.[33] 1926년 1월에 인천에 있는 네 개 신문지국이 연합하여 인천 조선어 신문 잡지 기자단 결성을 위한 회의를 개최할 때 조선일보 소속으로 강령과 규약 기초위원이 되었다.[34] 1926년 12월에 영화학교를 위한 기부금 모금에 기생조합인 인천용동권번을 비롯해 여러 단체, 인사가 참여할 때 2원을 기부했다.[35]

1927년 6월 6일 오후 7시 30분부터 인천 공회당에서 회원 183명과 방청객 1백여 명의 참석 아래 개최된 인천신정회(仁川新正會) 창립총회에서 위원 25명 중 한 명으로 선출되었는데,[36] 신정회는 사상운동과는 별개로 조선인의 이해에 관한 모든 사업과 운동

▲ 신정회 창립 회의 광경(〈매일신보〉 1927년 6월 9일)

을 담당하겠다는 취지로 각계각층이 모두 참여한 단체로서 최진하의 성향과 잘 부합했던 것으로 생각된다.

유도, 검도, 권투 교습을 목적으로 1927년 6월 9일 창립한 인천무도관의 간사 세 명 중 한 명이 되어 6월 25일과 26일 무도대회 준비에 나섰고,[37] 1928년 7월 1일 애관에서 열린 인천무도관 창립 1주년 기념식에서 간사로서 경과보고를 했다.[38] 1935년 9월 28일, 조선인 청소년의 체육을 장려하는 목적으로 체육기관 설립을 추진할 때 발기인 중 한 명이었고,[39] 1936년 1월 11일 오후 7시 30분부터 인천공회당에서 열린 '인천체육회' 창립 총회에서는 임원 선거위원 7명 중 한 명으로 회장, 부회장 선거를 진행했으며 이어

이사가 되었다.[40]

1936년에는 "인천 조선인측 상공업자가 대동단결하여 업자간의 공존공영을 위하고 인천상공업계의 발전을 위하여 크게 노력할"[41] 인천상공친화회 창립에도 관여하여 1936년 9월 23일 인천상공회의소에서 열린 창립준비회와[42] 조직 명칭을 '인천상공협회'로 결정하고 창립준비위원 10명을 선임한 10월 7일 창립준비회에 참가해 창립준비위원 중 한 명이 되었다.[43] 협회 창립 후 첫 사업으로 1937년 4월 25일 인천공설운동장에서 제1회 인천상공연합운동회를 개최할 때 시상(施賞) 부문을 담당하는 등 적극 참가했다. 상공협회의 첫 사업으로 운동회 개최를 결정한 것도 어쩌면 오랫동안 체육계에 관심을 갖고 참여해 온 최진하의 이력이 영향을 미쳤을 가능성도 있다.

이렇듯 최진하는 1920년대 중반에 이미 30대 후반의 나이로 언론계와 체육계, 사회단체 활동에 나섰으며, 40대 후반의 장년이 되는 1930년대 중후반에는 상공계까지 아우르는 폭넓은 활동을 보여주었다.

해방 이후에도 최진하는 지역의 중요인사로서 활동을 계속했다. 이승만, 김구 등이 참여하여 결성한 민족주의 세력의 연합체인 '대한독립촉성국민회'에서 1946년 5월 5일 경기도 지부 결성식을 했을 때 2명의 부지부장 중 한 명으로 선출되었으며,[44] 같은 해 7월 4일 도원동 공설운동장에서 인천시 주최로 열린 미국 독립

기념일 축하회에서 동회장 대표로 축사를 했다.[45] 1948년에는 권한과 의무가 불명확했던 인천부고문회를 해체하고 새로 재편하기로 결의하며 선출한 준비위원 7명 중 한 명이었고,[46] 인천부내 각 동회장이 참여한 선거를 통해 뽑은 인천부 고문 25명 중 한 명이었다.[47]

대중일보에서 3·1운동 30주년을 맞아 인천 각계 인사의 발언을 실었을 때 최진하는 이승만 계열의 한국독립당 인천지부 상임위원으로 "성의(誠意)로 나가자"란 제목 아래 다음과 같이 말했다. "오늘은 해방 후 네 번째 맞이하는 3천만 민족으로서의 천손만대에 이르기까지 잊을 수 없는 기념일이다. 오호라! 기미년 이날 삼천리 방방곡곡에 흘린 〈피〉 흔적은 아직도 사라지지 않았으며 36년의 치욕은 반만년 역사에 오점을 남겨놓았다. 그러나 금년의 오늘은 작년의 오늘과 달리 대한민국이 탄생되고 국제적으로 한국의 독립을 승인한바 되었으며, 또는 한국의 〈유엔〉 참가의 서광이 비치게 되었으니 참으로 삼천만 겨레의 감격은 쌍수를 들어 경축하여 마지않는 바이다. 그러나 국토는 남북으로 양단되고 민족은 좌우로 분열되어 골육상잔, 경제혼란 등 민생이 도탄에 빠진 것이 앞으로의 해결할 문제이다. 현하 항다반(恒茶飯)의 화제거리로 언필칭 남북통일을 운운하는 무성의한 주장을 떠나서 진실한 남북통일을 위하여 바야흐로 내조한 한위(韓委, 유엔 한국위원회)의 활약과 보조를 맞추어 금년에는 이 숙망이 실현될 것을 기하고 축의를 표하는 바이다."[48]

1948년 대한민국 정부 수립 후 일제강점기의 반민족행위를 청산하기 위한 반민족행위특별조사위원회가 설치되자 여기에서도 최진하의 행적을 확인할 수 있다. 1949년 7월 13일 반민족행위특별재판부에 출석한 일제 고등경찰 출신 이중화(李重華)와 재판장 최영환(崔榮煥) 사이에 다음과 같은 문답이 오갔다. '최진하를 아는가?', '잘 압니다. 그 사람은 인천보통학교 훈도였습니다.', '언제부터 아는가?', '그 사람은 본래 훈도를 하다가 그 후 신문기자가 되어 당시 경찰 출입기자였으므로 그때부터 잘 알게 되었습니다.', '그 사람과 사적인 감정의 유무는 어떠한가?', '피고인은 없습니다.'[49]

재판장이 최진하에게 사적인 감정이 있는지 물어본 이유는 아마도 최진하가 '이중화의 죄적'이란 문서를 반민족행위특별조사위원회에 제출했기 때문일 것이다.[50] 안타깝게도 인쇄 불량으로 그 내용을 알 수 없는데, 인천의 대표적 친일 경찰로 악명이 높았던 이중화의 단죄를 위해 최진하가 나름의 근거를 가지고 처벌을 청원하는 문서를 제출했던 것으로 보인다.

그런데 1949년 3월 몇몇 신문에 반민특위 인천지부의 서기관 최진하가 자진 사퇴했다는 기사가 실렸다.[51] 이유는 일제강점기 인천부회 의원을 역임한 친일파 김윤복(金允福)의 동상 건립에 최진하가 발기인으로 참여했다는 논란에서 비롯된 것이다.

이 논란에 대해 "금번 보도는 그 당시 본인이 계림자선회의 이사였든 관계로 반대를 아니하리라고 차명(借名)하였다는 사실과 동상(銅像)에 관한 발기(發起) 금전 관계 등 내용을 전연 알지 못하였을 뿐만 아니라 신문인으로서 소위 제막식(除幕式)에 임하였을 때 찬성은커녕 도리어 비난 조소(嘲笑)의 태도를 취하였다는 사실은 당시 발기인 중 유(柳昌浩) 씨의 증언에 의하여 명백한 것이다. 폐일(一)언하고 문제화한 서기관 자리를 깨끗이 하기 위하여 단연 은퇴하는 바이다'라는 선언과 함께 사퇴를 선택했다. 이중화의 죄상에 대해 반민특위에 자료를 제공한 것이 본인이 서기관으로 재직 중이었는지 그 전이었는지는 명확히 알 수 없지만 반민특위 활동을 끝으로 더 이상 최진하의 행적은 알 수 없다.

박창한과 최진하는 두 살 터울의 동년배로 1920년대와 1930년대 인천 사회운동의 동지로서 좌우 구분 없이 언론계를 비롯해 다양한 활동에 참여했다. 그 과정에서 여러 계층, 입장의 사람들과 맺은 넓은 관계는 이들의 활동을 뒷받침하기도, 장애가 되기도 했던 것 같다. 최진하가 환갑이 넘은 나이에 맡은 반민특위 서기관에서 물러나게 되는 과정이 그렇다.

새가 양쪽 날개로 날고, 자전거 바퀴가 두 개여야 굴러가는 것처럼 어느 특정 세대, 입장의 힘만으로 사회를 끌어가는 건 거의 불가능에 가깝다. 젊은이들의 패기만으로도, 장년의 경륜만으로도 부족하다. 경륜과 패기가 조화를 이룰 때 비로소 큰 혼란 없이

反民特委書記官辭退

銅像建立發起人은初聞

▲ 최진하의 반민특위 사퇴 기사(〈대중일보〉 1949년 3월 10일)

사회는 진보한다. 선부른 판단이지만, 박창한과 최진하는 젊은이들이 앞장서 외치는 일제 타도와 조선독립, 생존권 확보에 절반 이상 발을 걸쳐 놓되, 사상적으로 경도되지 않으면서 지역 내의 다양한 단체에 속해 활동을 전개했다. 양쪽으로부터 다 비판받기 딱 좋은 행보였을 것이다. 한쪽에서는 개량주의, 기회주의로, 한쪽에서는 좌익으로 비판받았을 가능성이 크다. 그렇기에 더더욱 이 두 사람은 인천의 항일운동에서 소중하고 중요한 존재가 아닐까? 현실과 이상을 두루 아우르는 삶이란 말처럼 쉬운 것이 아니기 때문이다.

epilogue

존경스럽지만 애달픈 삶

1938년 11월 20일 일요일 〈조선일보〉 중부판(中部版)에 작은 기사가 실렸다. 삼 일 전인 11월 17일 오후 2시에 인천경찰서에 권충일, 권평근, 이수봉, 신수복, 전보현, 유두희, 한태열, 이창식, 우종식이 모였다는 것이다. 권충일은 전향했을 뿐만 아니라 적극적 친일 활동에 나선 이후이고, 신수복은 전향 의사를 표현한 뒤 활동이 끊긴 상황이었다. 나머지 7명은 그야말로 쟁쟁한 항일투사들이다.

어색해 보이는 이 구성은 시국대응(時局對應) 전선(全鮮 : 조선 전체) 사상보국경성연맹(思想報國京城聯盟)의 인천분회 설치를 준비하기 위해 이루어졌다고 한다. 이 단체는 1937년 중일전쟁(中日戰爭) 발발 이후 내선일체(內鮮一體) 강화, 반황국사상 타파, 국책(國策) 및 전시(戰時) 협력 강화를 목적으로 과거 항일운동에 나선 인사들을 대상으로 결성되었다. 당연히 시세에 영합해 적극적인 사람도 있었을 것이고 어쩔 수 없이 이름을 올린 사람도 있었을 것이다. 인천분회 설치를 위한 이 회의에 권충일이 경성지부 상임이사 자격으로 참석했다는 것으로 보아 모임 결성을 적극적으로 제안하고 실행했으며, 자신과 함께 활동했던 옛 동지들을 모아낸 것이 아닐까 싶다.

여기에 또 하나의 역설이 있다. 적극적으로 항일투쟁을 했기에 겪은 고초만큼이나 일제 당국의 감시도 계속되었으며, 일제의 정책에 협력하라는 압박과 회유도 집중되었을 것이다. 미루어 짐작건대 가족의 눈물과 애원이 동원되었을 것이고, 경제적 어려움을 비롯한 개인의 곤란함을 해결해 주겠다는 은근한 제안도 있었을 것이다. 평범한 사람으로 살았다면 저런 모임에 불려 다닐 일도 없었을 게 틀림없다.

어쨌든 2시부터 4시까지 두 시간 이어진 모임을 통해 11월 28일에 준비회의 개최를 결정했다. 어느 정도의 인원이 참여해 활동을 했는지, 그 활동의 성격과 내용을 어떠했는지는 앞으로 규명해야 할 과제다. 하지만 그렇다고 해서 이수봉, 전보현, 유두희, 한태열, 이창식, 우종식을, 나아가 신수복을 잊을 수는 없다. 사상의 차이를 떠나서 1970년대 대한민국에서 벌어진 미전향장기수에 대한 전향 강요가 얼마나 비인간적이었는지를 안다면 더욱 그렇다. 일제의 전향 강요가 독재정권의 그것보다 더하면 더했지 덜하지 않았을 것이기 때문이다. 노촌(老村) 이구영(李九榮) 선생처럼 전향해서 한학자(漢學者)로서, 의병연구자로서 사회에 기여한 이를 떠올리게 되는 것도 이런 사정 때문이다.

해방 후 인천 언론의 뿌리라 할 수 있는 〈대중일보〉 1949년 3월 1일 지면에 "반일제투쟁의 정화! 기미년혁명사 회상록"이라는 3·1운동 기념 기획의 첫 번째 기사가 실렸다. 내용 중에 '유구한 오천년 역사로 총칼을 삼고 삼천만 겨레의 힘으로 방패를 삼어'란 구절이 있다. 생각해 보면 3·1운동 때만 그런 것이 아니라, 일제강점기 내내 항일투쟁에 나선 투사들의 한결같은 마음이 아니었을까?

삼척동자라도 알 수 있는 사실이다. 객관적으로 모든 면에서 일본제국주의보다 약하고 부족했다. 오직 하나! 일본제국주의는 악이고, 압제에서 벗어나려고 투쟁하는 조선민족은 정의라는 신념만이 저들보다 굳세었을 뿐이다. 청산리대첩을 일군 독립군은 '기전사가'를 불렀다. 가사 중에 '하느님 저희들은 굽히지 않고 천만대 후손의 자유를 위해 맹세코 싸우고 또 싸우리니 성결한 전사를 하게 하소서'란 구절이 애처로움과 굳센 의지를 동시에 느끼게 한다.

그 신념과 의지를 끝내 지켜낸 사람을 높이 평가해야 하는 것은 두말할 나위가 없지만, 여러 가지 사정으로 일시 타협한 사람을 쉬이 배척해서도 곤란하다. 적극적으로 친일행위에 나선 권중일과 같은 사람은 예외라 하더라도 활동의 경중(輕重)을 따져 봐야 할 일이다.

이 책에서 소개한 인물 중 알려진 사람은 많지 않다. 몇몇 전문가가 주목한 사람은 있지만 그런 이들조차 충분히 조사되고, 연구되었다고 하긴 어렵다. 그런 조건이니 당연하게도 이 책은 연구서라 할 수 없다. 잘 알려지지 않은 인천의 항일투사를 소개하는 안내서에 불과할 뿐이다. 어쩌면 앞으로 인천에서 연구해야 할 활동과 인물을 소개한 데 지나지 않을지도 모른다.

이런 점을 잘 알면서도 변변치 않은 재주로 책을 엮은 이유는 단순하다. 인천을 인천답게 만들어 준 사람들을 잊어서는 안 되기 때문이다. 2019년의 막바지에 올 한해를 돌아보면, 인천에서도 3·1운동과 임시정부 수립 100주년을 기념해서 여러 사업이 펼쳐졌다. 필자가 근무하는 인천문화재단에서도 학술회의와 세미나를 개최했다.

그 과정에서 한편으로 반성하고, 한편으로 아쉬운 것은 인천의 독립운동·항일운동을 상징하는 인물로 김구(金九) 선생이 가장 먼저 거론된다는 점이다. 임시정부를 통해 독립에 헌신한 김구 선생의 사상적 토대가 인천 감옥에서부터 만들어졌다고 해도 과언이 아니기 때문에 여기에 주목한 인천광역시 각계의 입장과 노력은 높이 평가할 만하다.

하지만 그것만으로 충분한 걸까? 김구 선생처럼 고향이 인천이든 아니든, 인천에서 배우고 깨친 생각을 갖고 일본제국주의 타도와 노동자의 생존권 쟁취, 조선독립을 이루기 위해 인천의 곳곳을 누빈 수많은 투사들은 어찌할 것인가!

결국 조사와 연구가 충분치 못한 상황이 2019년의 인천을 만든 것이다. 역사 연구자들이 적고 활동할 토대가 약한 인천의 어쩔 수 없는 현실일지 모른다. 이런 문제의식에서 비록 전공이 아니지만 무모한 용기로 도전해 인천에도 잊어서는 안 되는 이름들이 많다는 것을 알리고자 한 것이다.

여러 가지로 부족하고 미숙한 무모한 도전이었고, 곳곳에 숨어 있을 오류가 두렵기도 하지만 연구자들이 오류를 발견하여 수정해 나감으로써 한분 한분의 생애와 업적이 명료해지는 계기가 된다면 필자의 무모함이 아주 의미가 없지는 않을 것이다.

'해불양수(海不讓水)'. 바다는 흘러들어오는 물을 가리지 않는다는 의미의 이 말은 인천이란 도시의 특성을 잘 드러내는 말이다. 인천의 어른들이 인천이란 도시가 지향해야 할 가치로 자주 말씀하시는 표현이기도 하다.

이 책에서 소개한 항일투사들의 상당수는 사회주의 사상을 근거로 활동했다. 내년 2020년은 6·25사변이 발생한 지 70년이 되는 해이다. 전쟁은 많은 것을 앗아갔고, 깊은 상처를 이 땅 곳곳에 남겨놓았다. 사람들의 마음속에 뿌리내린 상처와 서로에 대한 적대감은 쉬이 치유될 수 있는 게 아니다. 이 책에 소개된 투사들 중에도 전쟁의 혼란 속에 억울하게 목숨을 잃은 이가 있다.

하지만 일제강점기 인천의 투사들이 남북의 분단과 전쟁을 예견하고 일제에 맞선 것은 아니다. 각자의 판단에서 해방과 독립을 이루는 방법을 선택해 투쟁했을 뿐이다. 비록 현재의 우리로서는 동의하지 못하는 사상이지만 항일을 기치로 식민의 거리를 누빈 그들에 대해서 관대한 시선으로 포용할 수는 없을까?

해불양수의 도시 인천이 너른 품을 가지고 그들을 품을 때, 인천이 분단의 최전선에서 평화의 최선두에 설 수 있다고 생각한다. 인천이 고향이든 아니든 인천에서 일군 식견으로 젊음을 불태운 그들이야말로 진정한 '인천인'이기 때문이기도 하다. 그리고 그들을 알아가는 과정이 곧 인천을, 인천의 역사를 알아가는 과정이라 믿기 때문이다.

주석

1장 | 청년이 든 항일의 기치 : 고희선, 유두희, 조준상

01 〈중외일보〉 1927년 3월 25일 '인천청년동맹 거17일로서 창립발회'.

02 〈동아일보〉 1929년 5월 2일 '인천청년동맹 각반 대항 야구'.

03 이상 고일의 신상에 관한 것은 고일, 《인천석금》(선민출판사, 1979 재판), 295-298쪽 '고일의 약력과 인생행로(自敍)' 참조.

04 고일의 생애와 활동은 조우성, 《인천이야기 100장면》(도서출판 인아트, 2004), 251-253쪽 '인천석금' 항목에 간결하면서도 명확하게 설명하고 있다.

05 조우성, 《인천이야기 100장면》(도서출판 인아트, 2004), 252-253쪽.

06 고일, 《인천석금》(선민출판사, 1979 재판), 297-298쪽.

07 〈매일신보〉 1938년 3월 1일 '인천청년단 강습회 개최'.

08 경인일보 특별취재팀, 《인천인물 100人》(도서출판 다인아트, 2009), 494쪽 '인천 대표 언론인 고일' 참조.

09 임영균의 생애에 대해서는 경인일보 특별취재팀, 《인천인물 100人》(도서출판 다인아트, 2009), 351-356쪽 '인천 언론사의 숨은 중심 임영균' 참조.

10 〈매일신보〉 1939년 5월 3일, 5월 13일, 5월 19일의 후보자 관련 기사 및 5월 22일 개표결과, 5월 24일 당선사례 참조.

11 〈대중일보〉 1945년 11월 14일 '오호 동무여 왜 먼저 갔느냐'.

12 경인일보 특별취재팀, 《인천인물 100人》(도서출판 다인아트, 2009), 111-114쪽 '잊혀졌던 노동자들의 스승 유두희'.

13 〈경인일보〉 2019년 5월 30일, '[독립운동과 인천(14)] 사회주의 독립운동가 유두희'.

14 〈대한매일신보〉 1909년 2월 3일 '보창시험 강화보창학교'.

15 김성학, 〈한말 강화지역 사립보창학교의 등장과 성장〉, 《한국교육사학》 제36권 제3호(2014) 참조.

16 〈동아일보〉 1924년 4월 2일 '축구까지 겸행'.

17 〈시대일보〉 1925년 7월 9일 '인천노총 위원개선'.

18 〈시대일보〉 1925년 7월 31일 '인천노총 신상무위원'.

19 〈시대일보〉 1925년 8월 12일 '인천노총의 사무분담'.

20 〈시대일보〉 1925년 10월 11일 '인천청년연맹 집행위원회'.

21 〈시대일보〉 1925년 10월 18일 '성황을 기대하는 인천소년축구전'. 〈시대일보〉1925년 11월 5일 '전인천축구대회 여덟단체 참가로 성황을 예고'.

22 〈매일신보〉 1925년 11월 18일 '전인천축구대회 23일 공설운동장에서'.

23 〈매일신보〉 1926년 2월 4일, 2월 5일, 2월 13일, 2월 25일 관련 기사 참조.

24 〈시대일보〉 1926년 3월 5일 '5씨 위로 성황 남녀 육십여 명'.

25 〈시대일보〉 1926년 3월 29일 '경기도청년연맹 서면대회로 창립'.

26 〈시대일보〉 1926년 5월 2일 '인천노련위원 육속인치?'.

27 〈매일신보〉 1926년 5월 7일 '인촌공선동자 우일명검거'.

28 〈시대일보〉 1926년 5월 7일 '유두희씨 검속'.

29 〈시대일보〉 1926년 5월 6일 '강화에서 유두희씨 압송'.

30 〈시대일보〉 1926년 6월 20일 '상애회를 박멸결의 인천노동연맹에서'.

31 〈시대일보〉 1926년 7월 4일 '인천소년회 창립기념강연'.

32 〈시대일보〉 1926년 7월 25일 '인천청련대회 금지! 위원 전부만 개선'.

33 〈중외일보〉 1926년 11월 20일 '실제 생활에 치중 간담회로 모인 노총 위원회'.

34 〈중외일보〉 1927년 1월 21일 '인천청년동맹 성립'.

35 〈중외일보〉 1927년 5월 17일 '조선노총=긴급간담결의 중앙협의회의 상설 반대 성명'.

36 〈중외일보〉 1927년 8월 14일 '조선청년총동맹 면대회 개표결과'.

37 〈중외일보〉 1927년 8월 26일 '화평리청년 2주기념성황'.

38 〈매일신보〉 1927년 9월 10일 '양총위원선거'.

39 고일, 《인천석금》(선민출판사, 1979 재판), 176-178쪽 참조.

40 신태범, 《인천 한세기》(한송, 1996), 180쪽.

41 국가보훈처 공훈전자사료관 〈사상월보〉 제1권 제5호, '고려공산청년회원 신원조' 및 〈매일신보〉 1930년 3월 23일, '제4차 조선공산당 박경호 사건 공판' 관계자의 나이 참조.

42 〈동아일보〉 1924년 4월 2일 '축구까지 겸행'.

43 〈시대일보〉 1925년 10월 11일 '인천청년연맹 집행위원회'.

44 〈시대일보〉 1925년 10월 18일 '성황을 기대하는 인천소년축구전'.
〈시대일보〉 1925년 11월 5일 '전인천축구대회 여덟단체 참가로 성황을 예고'.

45 〈매일신보〉 1925년 11월 18일 '전인천축구대회 23일 공설운동장에서'.

46 〈시대일보〉 1926년 1월 13일 '인천청련 기념강연 연맹회관에서'.

47 〈시대일보〉 1926년 1월 15일 '칼 로사 기념 인천에서 금지'.

48 〈시대일보〉 1926년 1월 19일 '인천 양단체 인천청련연맹 로총련합으로'. 이 기사에는 '레닌과 무산대중'의 연사가 '劉斗烈'이라 했으나, 비슷한 시기에 인천청년연맹이나 노동총동맹에서 활동한 이름이 없으며 유두희의 '희(熙)'와 '열(烈)'의 한자가 비슷해 신문 조판과정의 오식(誤植)으로 보인다.

49 〈시대일보〉 1926년 7월 25일 '인천청련대회 금지! 위원 전부만 개선'.

50 〈시대일보〉 1925년 12월 13일 '인천에 3사 지국 설치'.

51 고일, 《인천석금》(선민출판사, 1979 재판), 80쪽.

52 〈중외일보〉 1928년 8월 10일 '경찰부 고등과원 인천에 우복활동'.

53 〈중외일보〉 1930년 3월 23일 '게재 금지 중 일부 해금된 제4차 조선공산당 사건'.

54 〈매일신보〉 1930년 3월 23일 '제4차 조선공산당사건 박경호 사건 공판'. 〈동아일보〉 1930년 3월 23일 '재작년추 사건발각 전후 67회 대검거 제4차 조선공산

당'. 〈조선신문〉 1930년 3월 23일 '제4차 공산당 13명 공판'.

55 〈중외일보〉 1930년 4월 9일 '박경호 등 13명 명일 제1회 공판'.

56 〈매일신보〉 1930년 6월 12일 '박경호 등의 속행공판'.

57 〈중외일보〉 1930년 6월 12일 '박경호 등 13명 최고 5년역 구형'.
〈매일신보〉 1930년 6월 12일 '박경호 사건의 구형'.

58 〈매일신보〉 1930년 6월 19일 '박경호가 최고로 징역 5개년'.

59 〈중외일보〉 1930년 6월 22일 호외(3면) '박경호 등 13명 예심결정서 내용'.

60 〈중외일보〉 1930년 8월 23일 '고조 양씨 자택으로 귀향'.

61 〈매일신보〉 1932년 2월 27일 '동대문서 형사대 인천에서 대활동'.
〈중앙일보〉 1932년 2월 27일 '동문서 형사대 인천서 4명 검거'.

62 〈매일신보〉 1932년 4월 9일 '동서 공당사건 78명 금일 송국'. 이 기사의 신체구속자 명단에 고일은 있으나 조준상은 없는 것으로 보아 조준상은 조사 초기단계에서 석방된 것으로 보인다.

63 〈중앙일보〉 1932년 4월 20일 '조공 재건사건 68명 무죄석방'.

64 〈매일신보〉 1934년 4월 27일 '인천메-데- 예비검속'.

65 〈매일신보〉 1934년 6월 2일, '인천에 독서회 적색의 남녀 십수명 경찰에 검거하고 취조개시'.

66 〈조선중앙일보〉 1935년 3월 9일, '근고' 참조.

2장 | 기나긴 투쟁의 시작, 3·1운동 기념 격문 : 김점권, 이두옥, 이홍순, 안문식

01 국가보훈처 공훈전자사료관〈한국민족해방운동사자료집〉제4권, '경고비(京高秘) 제1302호 불온문서 사건 관계자 검거에 관한 건(1930년 3월 5일)' 별지 2호를 필자가 번역한 것이다.

02 국가보훈처 공훈전자사료관 〈한국민족해방운동사자료집〉제4권, '경고비(京高秘) 제1302호 불온문서 사건 관계자 검거에 관한 건(1930년 3월 5일)' 참조.

03 〈매일신보〉 1930년 3월 11일 '서문서 취조의 격문범 송국'.
〈조선신문〉 1930년 3월 11일 '불온문서 일당 최조 일단락'.
〈중외일보〉 1930년 3월 13일 '인천격문사건 7명 금일 송국'.

04 〈중외일보〉 1930년 3월 21일 '인천격문사건 2명은 불기소'.

05 〈매일신보〉 1930년 3월 21일 '인천격문사건 9명중 5명 기소'.

06 인천격문사건의 개요는 국가보훈처 공훈전자사료관 〈한국민족해방운동사자료집〉 제4권, '경고비(京高祕) 제1302호 불온문서 사건 관계자 검거에 관한 건(1930년 3월 5일)' 관계자 이름 참조.

07 〈매일신보〉 1930년 9월 6일 '인천격문사건 관계자 구형'.
〈중외일보〉 1930년 9월 6일 '3명에 8개월 2명에 1년 공개금지하고서 공판'.

08 〈동아일보〉 1930년 9월 7일 '인천격문범 5명 판결 언도'.
〈조선신문〉 1930년 9월 7일 '인천격문사건 판결 언도'.
〈중외일보〉 1930년 9월 7일 '인천격문범에 구형대로 판결'.

09 인천격문사건의 개요는 국가보훈처 공훈전자사료관〈한국민족해방운동사자료집〉 제4권, '경고비(京高祕) 제1302호 불온문서 사건 관계자 검거에 관한 건(1930년 3월 5일)'에 따라 서술한 것이다.

10 〈중외일보〉 1930년 1월 7일 '인천노동정총 5개사항 결의'.

11 〈일제감시대상인물카드〉에 1936년 5월 2일 날짜로 형사과에서 사진을 복사했다는 인천부 부도정 5-13번지 거주 김정권(金貞權)이 있는데, 이것은 '점(点)'과 '정(貞)'을 혼동한 것으로 김점권이 맞다.

12 〈조선중앙일보〉 1933년 6월 2일 '조봉암 등 17명 예심종결 공판회부'.

13 〈조선중앙일보〉 1933년 6월 8일 '조봉암 등 17명 예심 종결서'.

14 〈동아일보〉 1930년 9월 7일 '인천격문범 5명 판결 언도'.
〈조선신문〉 1930년 9월 7일 '인천격문사건 판결 언도'.
〈중외일보〉 1930년 9월 7일 '인천격문범에 구형대로 판결'.

15 〈일제감시대상인물카드〉 김점권, 보존원판 19680 참조.

16 〈동아일보〉 1932년 5월 31일, '5월의 격문사건과 배후의 모 결사 발각',

〈매일신보〉 1932년 5월 31일 '5월 격문의 근거는 평북'.

17 〈매일신보〉 1932년 8월 20일 '공산당재건사건 작일 8명 송국'.

18 〈조선신문〉 1932년 8월 28일 '조선공당 재건운동 일당'.

19 〈동아일보〉 1932년 8월 29일 '공산당 재건사건 김명시 등 7명 기소'.
〈매일신보〉 1932년 8월 29일 '조선공당 재건사건 7명 예심에 회부'.

20 〈조선중앙일보〉 1933년 12월 20일 '단일공산당사건 최고7년을 구형'.

21 〈조선중앙일보〉 1933년 12월 29일 '조봉암 징역 7년 홍남표 징역 6년 언도'.

22 〈일제감시대상인물카드〉 김점권, 보존원판 30722 참조.

23 〈일제감시대상인물카드〉 김점권, 보존원판 38625 참조.

24 오마이뉴스(http://www.ohmynews.com) "보훈처 "백마 탄 여장군 김명시, 독립유공자 포상 안 돼" "사망경위 등 행적 불분명" 입장…", 열린사회희망연대 "제대로 조사했나?"(2019년 11월 15일) 참조.

25 〈조선중앙일보〉 1933년 6월 8일 '조봉암 등 17명 예심 종결서'.

26 국사편찬위원회 한국사데이터베이스 〈경성지방법원 검사국문서〉 '경고비(京高秘) 제1737호 내각 개조에 대한 부민의 감상에 관한 건(속보)(1938년 6월 1일)' 참조.

27 〈독립〉 1946년 3월 27일 '조선민주정권 수립을 목적한 민족전선'.

28 〈중외경제신보〉 1947년 2월 15일 '민전 선거대책위원 각위'.

29 인천고등학교 총동창회, 《개교 123주년 인천고 인물사》(2018), 208-212쪽.

30 〈중외일보〉 1930년 3월 30일 '인천무도진급 성적'.

31 국사편찬위원회 한국사데이터베이스 〈경성지방법원 검사국문서〉, '경고비(京高秘) 제4527호 [경기도학생동요사건] 퇴·정학생도의 처분표에 관한 건(1930년 6월 9일)' 참조.

32 국가보훈처 공훈전자사료관 《독립운동사》 제9권 : 학생독립운동사, 제5장 광주학생운동의 전국적 확대, 제1절 경기도지방의 학생민족운동, 3. 인천상업학교 참조.

33 〈동아일보〉 1930년 1월 19일 '인천상교생 6명을 취조중'. 〈동아일보〉 1930년 1

월 20일 '인천상교생 12명 취조'.

34 〈동아일보〉 1930년 2월 8일 '인상학생 6일 만기출옥'.

35 〈동아일보〉 1931년 5월 8일 '3·1격문사건 이두옥 출옥'.

36 〈매일신보〉 1932년 2월 26일 '동문서형사대 인천서 활동'.

37 〈매일신보〉 1932년 2월 27일 '동대문서형사대 인천에서 대활동'.

38 〈매일신보〉 1932년 3월 11일 '동문서 대활동사건 내용이 자못 중대'.

39 〈매일신보〉 1932년 4월 9일 '동서공당재건사건 78명 금일 송국'.

40 또 한명의 인천 청년, 신대성의 생애에 대해서는 인천고등학교 총동창회, 《개교 123주년 인천고 인물사》(2018), 204-207쪽 '신대성' 항목 참조.

41 〈조선신문〉1932년 3월 24일 '공산당재건 일당으로부터 권총과 실탄 압수'. 〈매일신보〉 1932년 4월 9일 '동서공당재건사건 78명 금일 송국'.

42 〈매일신보〉 1932년 4월 20일 '한전종 등의 사건은 20명 기소부예'.

43 〈조선중앙일보〉 1933년 8월 16일 '권총·탄환입수 직접행동을 준비-관계자의 씨명'.

44 〈동아일보〉 1933년 8월 15일 호외 2면 '보안법 위반으로 복역까지 한 이두옥'.

45 〈조선중앙일보〉 1934년 9월 27일 '조선공산당 재건 계획한 16명의 공판 개정'.

46 〈매일신보〉 1934년 9월 29일 '개정벽두 악수 요구로 피고들 일장 훤소'.

47 〈조선중앙일보〉 1934년 9월 30일 '조공 재건 공판 제2일 최고 5년을 구형', 〈매일신보〉 1934년 9월 30일 '한전종 등 구형 최고가 5년'.

48 〈조선중앙일보〉 1934년 10월 7일 '조공 재건사건 최고 공판 제2일 최고 5년을 구형'. 〈매일신보〉 1934년 10월 7일 '한전종 등 판결 대체로 관후 최고 4년에 500일을 통산'.

49 〈조선중앙일보〉 1936년 5월 25일 '반제동맹사건 3인 출옥', 〈매일신보〉 1936년 5월 26일 '만기출소 3인'.

50 인천고등학교 총동창회, 《개교 123주년 인천고 인물사》(2018), 212쪽.

51 〈매일신보〉 1930년 3월 11일 '서문서 취조의 범인 송국'.

52 〈동아일보〉 1930년 3월 11일 '피의자 7명 전부 인천현주 서서격문사건 일단락'.

53 〈매일신보〉 1930년 3월 11일 '서문서 취조의 범인 송국'. 〈동아일보〉 1930년 3월 11일 '피의자 7명 전부 인천현주 서서격문사건 일단락'.

54 〈일제감시대상인물카드〉 안문식(보존원판 24142).

55 〈매일신보〉 1931년 6월 14일 '인천노동조합을 조사, 주요간부 등 인치'.

56 국사편찬위원회 한국사데이터베이스 〈경성지방법원 검사국문서〉 '경고비(京高泌) 제2391호의 1 메이데이 격문사건 관계자 검거의 건(1933년 6월 21일)' 참조.

57 국사편찬위원회 한국사데이터베이스 〈경성지방법원 검사국문서〉 '1934년 3월 치안정황, 부표(附票) 중(重)한 단체표(團體表)' 인천노동조합 항목 참조.

58 〈중외일보〉 1930년 1월 7일 '인천노동정총 5개 사항 결의'.

59 국사편찬위원회 한국사데이터베이스 〈경성지방법원 검사국문서〉 '경고비(京高泌) 제3266호 비밀결사 산업별노동조합사건 기소중지자 검거의 건(1933년 6월 12일)' 범죄사실의 개요 참조.

60 국사편찬위원회 한국사데이터베이스 〈경성지방법원 검사국문서〉 '인경고비(仁警高秘) 제2771호 비밀결사 산업별노동조합사건 관계자 검거에 관한 건(1933년 6월 1일)', '인경고비(仁警高秘) 제2771호 비밀결사 산업별노동조합사건 기소중지자 검거에 관한 건(1933년 6월 7일)', '경고비(京高泌) 제3266호 비밀결사 산업별노동조합사건 기소중지자 검거의 건(1933년 6월 12일)'.

61 국사편찬위원회 한국사데이터베이스 〈경성지방법원 검사국문서〉 '경고비(京高泌) 제3266호 비밀결사 산업별노동조합사건 기소중지자 검거의 건(1933년 6월 12일)'.

62 국사편찬위원회 한국사데이터베이스 〈경성지방법원 검사국문서〉 '경고비(京高泌) 제3266호 비밀결사 산업별노동조합사건 기소중지자 검거의 건(1933년 6월 12일)'.

63 국사편찬위원회 한국사데이터베이스 〈경성지방법원 검사국문서〉 '인경고비(仁警高秘) 제2771호 비밀결사 산업별노동조합사건 관계자 검거에 관한 건(1933년 6월 1일)', '인경고비(仁警高秘) 제2771호 비밀결사 산업별노동조합사건 기소중지자 검거에 관한 건(1933년 6월 7일)'.

64 국사편찬위원회 한국사데이터베이스 〈경성지방법원 검사국문서〉 '인경고비

(仁警高秘) 第2771호 비밀결사 산업별노동조합사건 기소중지자 검거에 관한 건(1933년 6월 7일)'.

65 국사편찬위원회 한국사데이터베이스 〈경성지방법원 검사국문서〉 '인경고비(仁警高秘) 第2771호 비밀결사 산업별노동조합사건 관계자 검거에 관한 건(1933년 6월 1일)', '경고비(京高祕) 第3266호 비밀결사 산업별노동조합사건 기소중지자 검거의 건(1933년 6월 12일)'.

3장 | 체육으로 다진 마음, 항일로 이어지다 : 이수봉, 조오상, 유창호

01 신태범, 《인천 한세기》(한송, 1996), 159쪽.

02 〈조선중앙일보〉 1934년 11월 12일, '교육계의 불상사 교장, 설립자간 암투 인천의 중대문제'.

03 2019년 9월 4일 오전에 이수봉 지사의 손자로부터 전화연락이 있어 그날 오후 2시에 인천문화재단에서 아드님 이건일 옹과 손자 두 분을 만나 이지사의 삶에 대해 구체적인 이야기를 들을 수 있었다. 이수봉 지사는 관련 자료가 풍부하고, 후손의 증언도 있어 별도의 책으로 상세히 소개할 계획이다.

04 〈매일신보〉 1926년 5월 8일 '인천의 야구전 고려대 미나도'.
〈동아일보〉 1926년 5월 8일 '고려대 미나도 야구 9일 오후 1시에 인천에서'.

05 〈매일신보〉 1926년 6월 10일 '결승전은 고려대 전인상'.

06 〈매일신보〉 1926년 10월 3일 '인천부의 야구전 고려대 미나도가 산근정에서'.

07 〈동아일보〉 1924년 4월 2일 '축구까지 겸행'.

08 〈동아일보〉 1929년 5월 2일 '인천청년동맹 각반대항야구'.

09 국사편찬위원회 한국사데이터베이스 〈경성지방법원 검사국문서〉 '1934년 3월 치안정황, 부표(附票) 중(重)한 단체표(團體表)' 인천청년동맹 항목 참조.

10 〈매일신보〉 1931년 7월 29일 '인천서원 귀환'.

11 국가보훈처 공훈자사료관 '사상월보 제1권 제9호', '최근 전선 치안유지법 위반

확정 판결집(1931년 12월 15일)'.

12 국가보훈처 공훈전자사료관 '사상월보 제1권 제9호', '지나인습격사건판결유죄 확정(제3보)(1931년 11월 15일)'.

13 〈매일신보〉 1935년 10월 9일 '유력자를 망라 인천체육회 발기'.

14 〈매일신보〉 1936년 1월 14일 '인천체육회 11일 창총'.

15 〈매일신보〉 1936년 7월 31일 '도시대항 야구전 인천군 멤버 개조'.

16 〈매일신보〉 1936년 6월 9일 '인천 애관 야구 우승'.

17 국사편찬위원회 한국사데이터베이스 〈반민특위조사기록〉 '이중화 반민족행위 특별조사위원회 자료' 이수봉 증인신문조서.

18 국가보훈처 공훈전자사료관〈한국민족해방운동사자료집〉 제4권, '경고비(京高秘) 제1302호 불온문서 사건 관계자 검거에 관한 건(1930년 3월 5일) 참조.

19 〈매일신보〉 1929년 6월 17일, '운동경기 육상경기부'. 이 기사에는 체육회 주최로 열린 전선(全鮮) 경기대회 제3일째 결승전 결과를 전하며 육상 1500m에서 3위를 한 조오상의 소속을 '협실(協實)', 즉 협성실업학교라고 적었다.

20 〈동아일보〉 1930년 3월 13일 '서서 격문사건 주모자는 잠적'.
〈동아일보〉 1930년 3월 8일 '인천에서 격문등사 시내에 배부타 발각'.

21 〈동아일보〉 1930년 3월 13일 '서서 격문사건 금일에 송국'.

22 〈동아일보〉 1930년 3월 21일 '서서 격문사건 6명 공판으로 회부'.

23 〈조선일보〉 1930년 3월 30일 '인천격문사건 조오상 증거불충분으로 불기소처분'.

24 〈중외일보〉 1930년 1월 3일 '인천서 양 학생 송국'.

25 〈매일신보〉 1929년 6월 17일 '운동경기 육상경기부'.

26 〈동아일보〉 1926년 10월 5일 '인천부민운동 조선인 성적 우량'.
〈조선신문〉 1926년 10월 5일 '인천시민 경기대회 성황리에 종료'.

27 〈매일신보〉 1926년 10월 6일 '성황을 거둔 인천부민경기대회 마라톤은 3등까지를 조선인 선수가 독점'.

28 〈조선신문〉 1926년 10월 6일 '인천예선'.

29 〈매일신보〉 1927년 10월 3일 '성황을 보인 인천시민운동회 전년의 기록을 돌파'.

30 〈매일신보〉 1927년 10월 12일 '인천시민운동회 전적 신기록속출'.

31 〈동아일보〉 1928년 6월 25일 '세단뛰기는 전부 9종 신기록'.

32 〈동아일보〉 1928년 10월 3일 '인천부민경기 성대히 거행'.

33 〈동아일보〉 1930년 1월 7일 '1929년 체육회 육상대회'.

34 〈동아일보〉 1930년 9월 26일 '중등교육상경기 양정군 6차 우승'.

35 〈동아일보〉 1930년 10월 21일 '스포츠절의 최고정 정규마라톤의 기록 매년 단축 또 단축'.

36 국가보훈처 공훈전자사료관〈한국민족해방운동사자료집〉 제4권, '경고비(京高祕) 제1302호 불온문서 사건 관계자 검거에 관한 건(1930년 3월 5일)'.

37 〈동아일보〉 1930년 3월 13일 '서서격문사건 금일송국'

38 〈매일신보〉 1930년 3월 11일 '서문서 취조의 범인송국'.
〈조선신문〉 1930년 3월 11일 '불온문서 일당 취조 일단락'.
〈중외일보〉 1930년 3월 11일 '인천격문사건 불일간 송국'.

39 〈중외일보〉 1930년 3월 21일 '인천격문사건 2명은 불기소'.

40 〈매일신보〉 1927년 6월 14일 '무도관의 창립', 〈중외일보〉 1927년 8월 24일 '인천무도관에 학원설치'〈중외일보〉1928년 7월 3일 '인천무도관 기념'.

41 국가보훈처 공훈전자사료관〈조선문제자료총서〉11권, '1928년 치안개황' 신간회 인천지회 항목 참조.

42 〈매일신보〉 1935년 10월 9일 '유력자를 망라 인천체육회 발기'.

43 〈매일신보〉 1936년 10월 9일 '불원간 현실될 인천상공협회 창립준비'.

44 〈매일신보〉 1939년 4월 25일 '인천상업전수학교 후원회 창립총회'.

45 〈매일신보〉 1930년 12월 2일 '빈민구제사업 제승작업장에 20여 명 수용'.

4장 | 인천의 홍길동과 그의 친구가 조선 하늘에 드리운 항일 기개 : 이억근, 우종식

01 〈매일신보〉 1932년 12월 4일 '독서회를 조직하여 적색사상을 연구'.

02 〈매일신보〉 1932년 12월 27일 '평양사범사건'.

03 〈매일신보〉 1935년 10월 3일 '인천독서회 사건 내용은 단순타'.

04 〈매일신보〉 1930년 3월 29일 '학생소요 퇴학처분생 19개교 232명'.

05 〈조선중앙일보〉 1934년 11월 27일 '공청학생사건 최고 2년반'.

06 〈중앙일보〉 1932년 12월 4일 '평양검거 익확대'.

07 〈동아일보〉 1933년 12월 27일 '각지에 선전문 배포 독서회까지 조직'.

08 국가보훈처 공훈전자사료관 〈한국민족해방운동사자료집〉 제6권 '이억근 외 6인의 예심청구서'.

09 국가보훈처 공훈전자사료관 〈한국민족해방운동사자료집〉 제5권, '인고비(仁高祕) 제1151호의 1 적색구원회 및 독서회사건 검거에 관한 건(1933년 3월 14일)'.

10 〈매일신보〉 1937년 2월 2일 '본보 지국 후원으로 인천빙상대회 성황'.

11 〈매일신보〉 1935년 10월 3일 '인천독서회 사건 내용은 단순타'.

12 〈매일신보〉 1936년 7월 2일 '인천 이억근 등 사건'.

13 〈매일신보〉 1936년 7월 8일 '인천 중심의 독서회 사건'.

14 〈조선중앙일보〉 1934년 11월 18일 '비밀결사를 조직한 일이 없소'.

15 〈조선중앙일보〉 1936년 7월 4일 '홍길동 별명듣던 이김양명 공판에'.

16 국사편찬위원회 한국사데이터베이스 〈반민특위조사기록〉 '전정윤 반민족행위특별조사위원회 자료' 이억근 증인신문조서.

5장 | 메이데이 격문에 담긴 인천 청년의 꿈 : 정갑용, 김만석

01 현재의 중구 신흥동 동인천이마트와 신흥대림아파트 부근이다.

02 국사편찬위원회 홈페이지 한국사데이터베이스 〈경성지방법원 검사국문서〉 '경고비(경고비(京高祕)) 제2391호의 1, 메이데이 격문사건 관계자 검거의 건(1933년 6월 21일)'.

03 국사편찬위원회 홈페이지 한국사데이터베이스 〈경성지방법원 검사국문서〉 '인고비(仁高秘) 제3615호 적색노동조합 기관지 격문사건 기소중지자 검거에 관한 건(1934년 7월 5일)'.

04 국가보훈처 공훈전자사료관 〈한국민족해방운동사자료집〉 제4권, '정갑용 외 1인의 예심청구서(1933년 6월 12일)'.

05 1934년 7월 5일 자 "적색노동조합 기관지 격문사건 기소중지자 검거에 관한 건"에는 대정(大正) 3년, 즉 1914년생이라 했으나, 〈일제감시대상인물카드〉에는 대정(大正) 원년인 1912년생이라 했고, 1933년 6월 21일 자 "메이데이 격문사건 관계자 검거의 건"에서는 당시 나이를 23세로 기록했으며, 격문 사건을 함께 준비한 보통학교 동창생 백봉흠이 명치(明治) 44년인 1911년생이란 것으로 보아 1912년생이 맞는 것으로 추정된다.

06 국사편찬위원회 홈페이지 한국사데이터베이스 〈일제감시대상인물카드〉 김만석 항목 참조.

07 국사편찬위원회 홈페이지 한국사데이터베이스 〈경성지방법원 검사국문서〉 '仁高秘 제3615호 적색노동조합 기관지 격문사건 기소중지자 검거에 관한 건(1934년 7월 5일)'.

08 權平根(1900~1945). "1930. 1. 1. 인천노동조합의 위원으로 선출되어 활동하다가 동년 5월 메이데이 예비검속으로 체포되었으며, 1931년 인천청년동맹의 간부로 활동하면서 1931. 2. 10. 신간회 인천지회 정기대회에 참석하여 지회해소를 주장하였고, 동년 4월 10일경 이승엽의 지시로 인천노동조합의 지도를 담당하여 메이데이와 6·10만세 운동 기념시위를 모의하고 격문을 살포하는 등의 활동을 하였으며, 동년 7월 만보산사건 후 시국연설회를 이용하여 노동자를 동원하여 반일시위운동을 전개하다가 체포되어 징역 3년을 받고 옥고를 치른 사실이 확인됨."(국가보훈처 홈페이지 공훈전자사료관 독립유공자 공적조서 권평근 항목). 위와 같은 공적으로 2005년 애족장을 수여했다. 1945년 9월 8일 미군의 인천 입성을 환영

하는 시위에서 일본 경찰의 총격으로 사망한 바로 그 권평근이다.

09 국사편찬위원회 홈페이지 한국사데이터베이스 〈경성지방법원 검사국문서〉 '永警高秘 1696호 치안유지법 위반 피의자 체포에 관한 건(1934년 5월 31일)' 참조.

10 〈동아일보〉 1935년 2월 1일 '인천적색노조 3명에 판결'.
〈매일신보〉 1935년 2월 1일 '정갑용등 사건 금일 판결언도'.

11 〈독립신문〉 1948년 12월 12일 '균청3차 전국대회'.
〈독립신문〉 1948년 12월 21일 '균청부서결정', 〈독립신문〉 1948년 12월 23일 '사회당 각부차장결정'.

6장 | 조 · 중 갈등의 원인은 일본제국주의다! : 권문용, 김성규, 이창식, 심만택

01 장세윤, 〈만보산사건 전후 시기 인천 시민과 화교의 동향〉《인천학연구》 2(인천대 인천학연구원, 2003) 참조.

02 〈매일신보〉 1931년 7월 7일 '사상단체조사 인천서 대활동'.

03 〈매일신보〉 1931년 7월 11일 '각사상단체의 간부등 인치'.

04 〈매일신보〉 1931년 7월 12일 '인천의 검거 아직도 계속중'.

05 〈매일신보〉 1931년 7월 23일 '인천서 중대사건'.

06 〈매일신보〉 1931년 7월 29일 '인천서원 귀환'.

07 국사편찬위원회 한국사데이터베이스 〈경성지방법원 검사국문서〉 '1934년 3월 치안정황'의 부표(附票) '중(重)한 단체표(團體表)' 인천노동조합 항목 참조.

08 국사편찬위원회 한국사데이터베이스 〈경성지방법원 검사국문서〉 '인경고비(仁警高秘) 제2771호 '비밀결사 산업별노동조합사건 관계자 검거에 관한 건(1933년 6월 1일)'.

09 〈매일신보〉 1931년 5월 2일 '인천은 평온'.

10 〈시대일보〉 1924년 5월 21일 '인천 성황의 노동연주 3일간은 공전의 성황'.

11 〈매일신보〉 1925년 5월 21일 '인천노총 분규사건'.

12 〈시대일보〉 1925년 7월 9일 '인천노총 위원개선'.

13 〈시대일보〉 1926년 7월 25일 '인천청련대회 금지 위원 전부만 개선'.

14 〈매일신보〉 1927년 3월 23일 '인천청맹 발회식'.

15 김남식, 《남로당연구》(1984), 530-531쪽.

16 〈동아일보〉 1929년 1월 27일 '노상강연간부 각각 구류처분'.

17 〈매일신보〉 1931년 7월 11일 '각 사상단체의 간부등 인치'.

18 〈매일신보〉 1931년 7월 5일 '인천무도시합 성적'.

19 국사편찬위원회 한국사데이터베이스 〈경성지방법원 검사국문서〉 '1934년 3월 치안정황'의 부표(附票) '중(重)한 단체표(團體表)' 인천청년동맹 항목 참조.

20 〈매일신보〉 1934년 4월 27일 '인천 메이데이 예비검속 좌경인물들'.

21 국가보훈처 공훈전자사료관 '사상월보 제1권 제9호', '지나인습격사건판결유죄 확정(제3보)(1931년 11월 15일)'.

22 국가보훈처 공훈자사료관 '사상월보 제1권 제9호', '최근 전선 치안유지법 위반 확정 판결집(1931년 12월 15일)'. 특별한 언급이 없는 한 권문용, 김성규, 이창식 등의 계획과 실행 경과는 이 재판문서에 따른 것이다.

23 〈매일신보〉 1931년 7월 11일 '각 사상단체의 간부 등 인치'.

24 〈매일신보〉 1931년 7월 12일 '인천의 검거 아직도 계속중'.

25 〈매일신보〉 1931년 7월 23일 '과반소동의 부수획 인천서 중대사건'.

26 국가보훈처 공훈전자사료관 '사상월보 제1권 제9호', '지나인습격사건판결유죄 확정(제3보)(1931년 11월 15일)'.

27 국가보훈처 공훈자사료관 '사상월보 제1권 제9호', '최근 전선 치안유지법 위반 확정 판결집(1931년 12월 15일)'.

28 국사편찬위원회 한국사데이터베이스 〈경성지방법원 검사국문서〉 '경고비(京高秘) 제895호 인천적색그룹사건 검거에 관한 건(1935년 4월 4일)'.

29 〈매일신보〉 1936년 9월 23일 '어린이에게 불온사상 고취, 인천야학교사 사건'.

30 국사편찬위원회 한국사데이터베이스 〈경성지방법원 검사국문서〉 '발산리 야학

회에서 불온교수 사건에 관한 건 1(1936년 9월 14일)', '발산리 야학회에서 불온교수 사건에 관한 건 2(1936년 9월 14일)'. 이글에서 최춘문과 심만택의 관계를 서술한 부분은 다른 언급이 없는 한 이 두 문서에 기초한 것이다.

31 〈매일신보〉 1931년 2월 4일.

32 〈대중일보〉 1947년 2월 14일 '3·1운동 기념 준비위 민전 인천'.

33 〈대중일보〉 1948년 4월 11일 '심만택 수 피검'.

34 〈대중일보〉 1949년 11월 9일 '심(만택) 에 12년 징역'.

35 〈대중일보〉 1949년 11월 26일 '심(만택) 에게 10년 징역'.

7장 | 동방을 항일의 거점으로 : 전보현, 한창희, 한태열, 박화옥, 허차길, 남궁전, 김환옥

01 전보현 등의 활동과 관련한 자료는 국사편찬위원회 한국사데이터베이스 〈경성지방법원 검사국문서〉 '경고비(경고비(京高泌)) 제895호 인천적색그룹사건 검거에 관한 건(1935년 4월 4일)'과 '경룡고비(京龍高秘) 제2162호 경성사건 재건운동 검거에 관한 건(1935년 4월 5일)'의 두건이 있다. 이 글에서 따로 언급이 없는 인적사항과 활동 내용은 두 문서의 내용을 바탕으로 서술한 것이다.

02 〈조선중앙일보〉 1936년 3월 18일 '인천적색그룹사건 박영선등의 공판'.

03 〈조선중앙일보〉 1936년 3월 18일 '인천적색그룹사건 박영선등의 공판'.

04 〈조선중앙일보〉 1936년 5월 30일 '성황을 예기하는 인천현상웅변대회'.

05 〈매일신보〉 1936년 6월 27일 '성황리에 마친 각지 단오놀이 인천'.

06 〈동아일보〉 1936년 8월 2일 '인천무도승급자'.

07 〈독립〉 1946년 5월 22일.

08 〈한성일보〉 1949년 11월 5일 '전향자 3800여 명 반공투쟁에 선봉되길 맹서'.

09 〈자유신문〉 1949년 11월 8일.

10 국사편찬위원회 한국사데이터베이스 〈경성지방법원 검사국문서〉 '경고비(京高

泌) 제895호 인천적색그룹사건 검거에 관한 건(1935년 4월 4일)'.

11 〈조선중앙일보〉 1936년 3월 18일 '인천적색그룹사건 박영선등의 공판'.

12 국사편찬위원회 한국사데이터베이스 〈경성지방법원 검사국문서〉 '경고비(京高泌) 제895호 인천적색그룹사건 검거에 관한 건(1935년 4월 4일)'.

13 국사편찬위원회 한국사데이터베이스 〈경성지방법원 검사국문서〉 '경룡고비(京龍高秘) 제2162호 경성사건 재건운동 검거에 관한 건2(1935년 4월 5일)'.

14 국사편찬위원회 한국사데이터베이스 〈경성지방법원 검사국문서〉 '경룡고비(京龍高秘) 제2162호 경성사건 재건운동 검거에 관한 건2(1935년 4월 5일)' 계통도 참조.

15 국사편찬위원회 한국사데이터베이스 〈경성지방법원 검사국문서〉 '경고비(京高泌) 제895호 인천적색그룹사건 검거에 관한 건(1935년 4월 4일)'.

16 국사편찬위원회 한국사데이터베이스 〈일제감시대상 인물카드〉 '박화옥' 항목 참조.

17 국가보훈처 공훈전자사료관 〈한국민족해방운동사자료집〉 제5권 '인천적색그룹사건 기소중지자 건검에 관한 건(1935년 7월 1일)'.

18 국가보훈처 공훈전자사료관 〈한국민족해방운동사자료집〉 제5권 '인천적색그룹사건 기소중지자 건검에 관한 건(1935년 7월 1일)'.

19 국가보훈처 공훈전자사료관 〈한국민족해방운동사자료집〉 제5권 '인천적색그룹사건 기소중지자 건검에 관한 건(1935년 7월 1일)'.

20 〈조선중앙일보〉 1936년 3월 11일 '동방 적색공작 피고 최고 3년형 구형'.

21 〈조선중앙일보〉 1936년 3월 18일 '인천적색그룹사건 박영선 등의 판결', 〈동아일보〉 1936년 3월 18일 '인천적노사건 4명에게 체형언도'.

22 국사편찬위원회 한국사데이터베이스 〈일제감시대상 인물카드〉 '남궁전' 항목 참조.

23 인천고등학교 총동창회, 《개교 123주년 인천고 인물사》(2018), 201-203쪽.

24 국가보훈처 공훈전자사료관 〈한국민족해방운동사자료집〉 제5권, '인고비(仁高秘) 제1151호의 1 적색구원회 및 독서회사건 검거에 관한 건(1933년 3월 14일)'.

25 국가보훈처 공훈전자사료관 〈한국민족해방운동사자료집〉 제5권, '인고비(仁高秘) 제1151호의 1 적색구원회 및 독서회사건 검거에 관한 건(1933년 3월 14일)'.

26 〈한성일보〉 1947년 3월 18일 '전평간부 문씨등 기소유예로 석방'.
〈민보〉 1947년 3월 18일, '전평간부 4씨 기소유예로 석방'. 〈자유신문〉 1947년 3월 18일, '전평간부 4씨 석방'.

8장 | 전국을 뒤흔든 공산청년동맹, 그 속의 인천 청년 : 신수복, 한영돌

01 〈매일신보〉 1934년 10월 10일 '조선공청개건동맹 함흥사건의 전모'.

02 국가보훈처 공훈전자사료관 소화(昭和) 10년 형공(刑公) 제49-50호 한영돌(韓永乭) 등 42인 판결문.

03 〈조선중앙일보〉 1935년 10월 26일 '조선공청사건 최고10년역 언도'.

04 〈조선중앙일보〉 1935년 11월 3일 '공청사건 피고 18명 불복공소'.

05 국가기록원 〈독립운동관련판결문〉 '한영돌 형사사건부' 참조.

06 국가기록원 〈독립운동관련판결문〉 '신수복 등 판결문(1935. 경성복심법원)'.

07 국가보훈처 공훈전자사료관 〈판결문〉 한영돌(韓永乭) 등 42인 판결문(1935). 신수복의 공산청년동맹 관련 행적은 이 문서에 따른 것이다.

08 국사편찬위원회 한국사데이터베이스 〈경성지방법원 검사국문서〉 '경고비(京高秘) 제2391호의 1 메이데이 격문사건 관계자 검거의 건(1933년 6월 21일)'.

09 국가보훈처 공훈전자사료관 〈한국민족해방운동사자료집〉 제5권, '인고비(仁高泌) 제1151호의 1 적색구원회 및 독서회사건 검거에 관한 건(1933년 3월 14일).

10 국사편찬위원회 한국사데이터베이스 〈경성지방법원 검사국문서〉 '사상범[신수복] 만기출소후의 감상에 관한 건(1938년 5월 2일)'.

11 국가보훈처 공훈전자사료관 〈판결문〉 한영돌(韓永乭) 등 42인 판결문(1935). 한영돌의 공산청년동맹관련 행적은 이 문서에 따른 것이다.

12 국가보훈처 공훈전자사료관 한영돌 공적조서 참조.

9장 | 항일의 선두에서 친일의 일선으로 : 권충일

01 〈인천뉴스〉 2018년 2월 12일 [연재] 인천 무도관 유도 사범 및 수원 무도관 설립자, 권충일(m.incheonnews.com/news/articleView.html?idxno=102142).

02 〈동아일보〉 1925년 7월 8일 '여자야학 개시 인천화도에서'.

03 〈시대일보〉 1925년 7월 11일 '신화수리 야학 전도가 매우 유망해'.

04 〈시대일보〉 1925년 8월 8일 '하기성경학교 인천화도예배당에서'.

05 〈인천뉴스〉 2018년 2월 12일 [연재] 인천 무도관 유도 사범 및 수원 무도관 설립자, 권충일(m.incheonnews.com/news/articleView.html?idxno=102142). 부친 권신일 목사는 교동 등의 목회활동으로 상당히 알려진 인물로서 묘가 강화군 송해면에 남아있으며 십자가 모양의 독특한 묘비로 유명하다.

06 〈중외일보〉 1927년 8월 24일 '인천노공친목회 창총'.

07 〈매일신보〉 1927년 10월 12일 '인천시민운동회 전적 신기록 속출'.

08 〈중외일보〉 1928년 3월 30일 '인천무도진급'.

09 〈동아일보〉 1928년 7월 3일 '인천무도성황'. 권충일의 체육활동의 내용과 의미, 관련 인물에 관해서는 〈인천뉴스〉 2018년 2월 12일 [연재] 인천 무도관 유도 사범 및 수원 무도관 설립자, 권충일(m.incheonnews.com/news/articleView.html?idxno=102142) 참조.

10 〈중외일보〉 1927년 11월 5일 '인천 희유의 남녀 대토론'.

11 〈동아일보〉 1929년 1월 27일 '노상강연 간부 각각 구류처분'.

12 〈동아일보〉 1929년 1월 26일 '노동자 출발방지 각단체 노상강연'.

13 〈중외일보〉 1930년 1월 3일 '인천서 양학생 송국'.
〈동아일보〉 1930년 1월 8일 '인천청맹간부 석방'.

14 〈중외일보〉 1930년 3월 11일 '인천서 비상활동 권충일 수체포'.
〈중외일보〉1930년 3월 14일 '각지에 수배 형사 수 분주'.
〈매일신보〉 1930년 3월 14일 '격문사건 수사확대'.

15 〈중외일보〉 1930년 3월 29일 '권충일씨 출감'.

16 〈중외일보〉 1930년 4월 27일 '주의, 중지중 회의의순 진행'.

17 〈중외일보〉 1930년 9월 28일 '인천청맹 확대위원회 지난 22일에'.

18 〈매일신보〉 1931년 6월 14일, '인천노동조합을 조사 주요간부 등 인치'.

19 〈중외일보〉 1931년 6월 17일, '인천직야정미 파업단원 석방 노동조합 간부도 석방'.

20 〈매일신보〉 1931년 7월 11일, '각 사상단체의 간부등 인치 충돌사건의 흑막이 나잇나히야'.

21 〈매일신보〉 1931년 7월 23일, '과반소동의 부수확 인천서 중대사건'.

22 〈매일신보〉 1931년 7월 24일, '신학과 성서를 버리고 사회운동 투사로'.

23 〈매일신보〉 1931년 9월 3일, '병치료하든 권씨가 잠적'.

24 〈매일신보〉 1932년 5월 16일, '소재 판명된 권충일 행방'.

25 국사편찬위원회 홈페이지 한국사데이터베이스 〈경성지방법원 검사국문서〉 "인경고비(仁警高秘) 제2771호 비밀결사 산업별노동조합사건 관계자 검거에 관한 건(1933년 6월 1일)" 참조.

26 국사편찬위원회 홈페이지 한국사데이터베이스 〈경성지방법원 검사국문서〉 "경고비(京高祕) 제3266호 비밀결사 산업별노동조합사건 기소중지자 검거의 건(1933년 6월 12일)" 참조.

27 〈매일신보〉 1938년 6월 17일, '전향자 전국위원회에 조선서도 대표 파견' 기사 참조.

28 국가기록원 〈독립운동관련 판결문〉 권충일 판결문(1935년 12월 6일, 경성복심법원).

29 〈매일신보〉 1938년 11월 10일 '영등포방공강연회'.

30 국사편찬위원회 홈페이지 한국사데이터베이스 〈경성지방법원 검사국문서〉"江高 제3197호 사상전향자의 방공강연회에 관한 건(1938년 12월 5일)" 참조.

31 〈매일신보〉 1939년 5월 2일 '양주방공강연회', 1939년 5월 6일 '포천방공강연회', 1939년 5월 12일 '방공방첩강연 개성서 대성황', 1939년 5월 17일 '장단방공강연성황' 참조.

32 국사편찬위원회 홈페이지 한국사데이터베이스 〈경성지방법원 검사국문서〉“江高 제3197호 사상전향자의 방공강연회에 관한 건(1938년 12월 5일)” ‘별지 제1호 권충일 강연요지’ 참조.

33 국가기록원 〈독립운동관련 판결문〉 권충일 판결문(1935년 12월 6일, 경성복심법원).

34 《三千里》 제11권 제1호(1939).

35 〈대중일보〉 1947년 2월 14일 ‘3·1운동기념준비’ 기사 참조.

36 〈부인신보〉 1947년 11월 21일 ‘인천좌익요인 일체검속’.
〈수산경제신문〉 1947년 11월 21일 ‘인천좌익진용 일제검거’.
〈조선중앙일보〉 1947년 11월 22일 ‘인천좌익진용 피검’ 기사 참조.

37 〈연합신문〉 1950년 5월 10일 ‘전국입후보 일람표(2)’ 강화군 참조.

38 〈상공일보〉 1950년 5월 21일 ‘입후보 사퇴 28명’.
〈연합신문〉 1950년 5월 21일 ‘입후보 사퇴 속출’.

39 〈인천뉴스〉 2018년 2월 12일 [연재] 인천 무도관 유도 사범 및 수원 무도관 설립자, 권충일(m.incheonnews.com/news/articleView.html?idxno=102142) 참조.

10장 | 인천의 항일언론인, 청년의 든든한 후원자 : 박창한, 최진하

01 〈동아일보〉 1928년 12월 1일, ‘경기고등과원 인천에서 활동’.

02 고일, 《인천석금》(선민출판사, 1979 재판), 108-109쪽 ‘옛 인천의 언론 보도기관’ 참조.

03 〈매일신보〉 1921년 2월 18일, ‘인천 고아의 복음’.

04 〈매일신보〉 1921년 10월 4일, ‘상공회 지부 설치’.

05 〈동아일보〉 1923년 3월 5일, ‘민대총회는 29일’.

06 〈매일신보〉 1923년 9월 19일 ‘인천 기자 간사 개선’.

07 〈시대일보〉 1924년 4월 8일 ‘소성노동총회’.

08 〈시대일보〉 1924년 5월 21일 ‘성황의 노동연주’.

09 〈시대일보〉 1924년 6월 6일 '노동위원회'.

10 〈시대일보〉 1924년 9월 3일 '인천노동회 주최 진재추도회'.

11 국사편찬위원회 홈페이지 한국사데이터베이스 〈경성지방법원 검사국문서〉 "인고비(仁高秘) 제3015호의 3 진재(震災) 기념일 추도회 개최의 건"(1924년 9월 1일) 참조.

12 〈시대일보〉 1924년 10월 21일 '기근구제회 간부 의연 거출'.

13 〈시대일보〉 1924년 10월 21일 '박씨 훤당 수연'.

14 〈시대일보〉 1924년 11월 1일 '인천기자단결 조선인 기자로만 경원구락부 결성'.

15 〈시대일보〉 1924년 11월 4일 '자선회의 일대 서광 전인천 조선인의 공유물로'.

16 국사편찬위원회 홈페이지 한국사데이터베이스 〈경성지방법원 검사국문서〉 "고비(高秘) 제호의 북풍회 창립총회에 관한 건(1924년 11월 26일)" 참조. 〈시대일보〉 1924년 11월 27일 '북풍회 창립총회 경찰의 대경계 중에 의사진행'.

17 국사편찬위원회 홈페이지 한국사데이터베이스 〈경성지방법원 검사국문서〉 "인고비(仁高秘) 제52호 인천철공조합 창립총회에 관한 건(1925년 1월 12일)" 참조.

18 〈시대일보〉 1925년 1월 7일 '공전의 성황인 인천 웅변'.

19 〈시대일보〉 1925년 1월 22일 '노야학 기부도 불허'.

20 〈시대일보〉 1926년 1월 25일 '4지국 연합으로 인천기자단 발기'.

21 〈시대일보〉 1926년 3월 18일 '인천노원 눈물의 수료식'.

22 국사편찬위원회 홈페이지 한국사데이터베이스 〈경성지방법원 검사국문서〉 "호외 사상요시찰인 연명부 추가의 건(1926년 4월 19일)" 참조.

23 《삼천리》 제12호(1931년 2월 1일) 사고(社告) "一, 仁川支社 位置 仁川金谷里九 支社 責任者 朴昌漢 記者 朴鎬淵 右와 如히 支社를 設置하엿슴니다".

24 〈매일신보〉 1937년 2월 13일.

25 〈매일신보〉 1938년 3월 29일 '인천 송현정 지료인상 당국에 반대 진정'.

26 〈매일신보〉 1931년 12월 1일 '인천소동사건 피고 19명에 총판결'.

27 〈매일신보〉 1932년 6월 4일 '인천 조중인 사건 최고 8년 언도'.

28 인천고등학교 총동창회, 《개교 123주년 인천고 인물사》(2018), 57-61쪽 '최진하' 항목 참조.

29 국사편찬위원회 한국사데이터베이스 〈한민족독립운동사자료집〉56권, 경찰신문조서/최진하 신문조서.

30 국사편찬위원회 한국사데이터베이스 〈한민족독립운동사자료집〉56권, 경찰신문조서/최진하 소행조서.

31 국사편찬위원회 한국사데이터베이스 〈한민족독립운동사자료집〉56권, 예심조서/최진하 소행조서.

32 국사편찬위원회 홈페이지 한국사데이터베이스 〈경성지방법원 검사국문서〉 "인고비(仁高秘) 제3015호의 3 진재(震災) 기념일 추도회 개최의 건(1924년 9월 1일)" 참조.

33 〈시대일보〉 1924년 11월 1일 '인천기자단결 조선인 기자로만 경원구락부 결성'.

34 〈시대일보〉 1926년 1월 25일 '4지국 연합으로 인천기자단 발기'.

35 〈매일신보〉 1926년 12월 1일 '동정인 방명! 영화교를 위하여'.

36 〈매일신보〉 1927년 6월 9일 '장엄히 창립된 인천의 신정회'.

37 〈동아일보〉 1927년 6월 14일 '무도관의 창립 유도 격검 권투'.

38 〈중외일보〉 1928년 7월 3일 '인천무도관 기념'.

39 〈조선중앙일보〉 1935년 10월 1일 '인천체육회 발기'.

40 〈매일신보〉 1936년 1월 14일 '인천체육회 11일 창총'.

41 〈매일신보〉 1936년 9월 17일 '공존공영 목표의 인천상공친화회'.

42 〈매일신보〉 1936년 9월 25일 '인천상공친화회 창립준비회 개최'.

43 〈매일신보〉 1936년 10월 9일 '불원간 실현될 인천상공협회'.

44 〈한성일보〉 1946년 5월 8일 '독촉국민회 경기도지부 결성식 성대'.

45 〈대중일보〉 1946년 7월 5일 '도원 원두에 전개된 우방 미국의 독립축전'.

46 〈대한일보〉 1948년 1월 7일 '말썽만튼 인천부고문회 동회장회의서 해체결의'.

47 〈대한일보〉 1948년 2월 4일 '부고문 일제 개선으로 명랑화한 인천부정'.

48 〈대중일보〉 1949년 3월 1일 '성의로 나가자'.

49 국사편찬위원회 한국사데이터베이스 〈반민특위조사기록〉 '이중화 반민족행위 특별조사위원회 자료 / 공판조서' 참조.

50 국사편찬위원회 한국사데이터베이스 〈반민특위조사기록〉 '이중화 반민족행위 특별조사위원회 자료 / 이중화의 죄적' 참조.

51 〈대중일보〉 1949년 3월 10일 '반민특위 서기관 사퇴'.
〈조선중앙일보〉 1949년 3월 12일 '인천특위 서기관 문제가 되어 사임'.
〈연합신문〉 1949년 3월 15일 '문제의 인천특위 최서기관 사임'.

저자 소개

김락기

1970년 강원도 평창에서 태어나 인천에서 성장했다. 1989년 인하대학교 사학과에 입학하며 역사 공부를 시작해 2007년 같은 대학 대학원에서 한국고대사 전공으로 박사학위를 받았다. 경기도 시흥시청 향토사료실 상임위원을 거쳐 2007년부터 인천문화재단의 여러 부서에서 일했다. 짧게 존속한 강화고려역사재단의 사무국장으로 출발과 끝을 함께 했고, 인천문화재단과 통합한 이후 지역사 연구를 담당하는 인천역사문화센터 센터장으로 일하며 현재에 이른다.
전공은 한국고대사, 그중에서도 고구려사이지만 자료와 근거에 기반한 지역사 연구라는 목표로 인천 지역사 전반에 대한 공부와 탐색을 계속하는 중이다.

잊을 수 없는 이름들

인천의 투사들, 항일을 기치로 식민의 거리를 누비다

초판 1쇄 인쇄 2019년 12월 6일
초판 1쇄 발행 2019년 12월 12일

지은이 김락기
펴낸이 최종숙
펴낸곳 글누림출판사

책임편집 백초혜 | **편집** 이태곤 문선희 권분옥
디자인 안혜진 최선주 김주화 | **마케팅** 박태훈 안현진

주소 서울시 서초구 동광로46길 6-6(반포4동 577-25) 문창빌딩 2층(우06589)
전화 02-3409-2055(대표), 2058(영업), 2060(편집)
팩스 02-3409-2059 | **전자우편** nurim3888@hanmail.net
홈페이지 www.geulnurim.co.kr
블로그 blog.naver.com/geulnurim
북트레블러 post.naver.com/geulnurim
등록번호 제303-2005-000038호(2005.10.5)

정가는 뒤표지에 있습니다.
ISBN 978-89-6327-601-4 04080
978-89-6327-545-1(세트)